Stephanie Hanel

GOODBYE, NEW YORK
Abschied von der neuen Heimat

edition bilderbusch

Impressum

Lektorat:
Marion Voigt

Satz und Cover-Gestaltung:
Christine Kern

Cover-Illustration:
Melanie Groger

Cover-Foto:
Richard Zinken

Zeichnungen:
Stephanie Hanel

Bibliografische Information der Deutschen Nationalbibliothek:
Die Deutsche Nationalbibliothek verzeichnet diese Publikation
in der Deutschen Nationalbibliografie; detaillierte bibliogra-
fische Daten sind im Internet über http://dnb.dnb.de abrufbar.
© 2020 Stephanie Hanel
Herstellung und Verlag:
BoD – Books on Demand, Norderstedt
ISBN 9783750413566

Für Octavia

Vorab

Nun liegt das New-York-Abenteuer hinter uns – und wenn ich noch ein wenig warte, wird es mit Sicherheit zu einer nostalgischen Erinnerung.

Die Stadt ist mystisch, es gibt diese verzauberten Momente – aber das tägliche Leben ist auf vielerlei Weise eine Herausforderung. Eine, die den Improvisationsgeist anregt, die Frustrationstoleranz trainiert, den Horizont öffnet, mich zugleich abgeklärt und engagiert werden lässt, unendlich viele Eindrücke und Informationen bereithält und sehr lautstark ist. Die Erinnerungen aber sind ohne Ton, ich bin nicht von feuchter Hitze verquollen oder fühle mich vom Blizzard gepeitscht. Deshalb war das Tagebuchprojekt, das meine Tochter Paula für mich erfand, so wichtig: um Gegenwart einzufangen. So hat es sich genau in dem Moment angefühlt. Das waren meine Gedanken dazu. Und schnell einen Punkt dahinter gemacht. Liebsten Dank, Paula!

Dass die Leserinnen und Leser der beiden ersten New-York-Tagebücher mitgefiebert, sich gefreut und Anregungen daraus gezogen haben, mir davon erzählten, war eine wunderbare Erfahrung. Viele Menschen haben eine Brücke zu uns nach Brooklyn geschlagen – das hat es leichter gemacht. Und manchmal auch ein klein wenig schwerer, weil es diesen deutschsprachigen Rückzugsort gab, aus dem wir dann wieder hinaus in die neue Welt mussten. Um das Leben in zwei Sprachen etwas nachvollziehbarer zu machen, ist der zweite Band der New-York-Tagebücher zweisprachig geworden – Sohn Nick konnte durchs Übersetzen unsere Wege nachvollziehen, auch wenn er in Deutschland geblieben war. Danke Dir, Nick! Zu Hause zu sein an einem Ort, der jeden Tag aufs Neue erobert werden will, blieb bis zum Schluss spannend.

Tag 100

Wir sitzen am Gate im John F. Kennedy Airport – heute Nacht geht es nach Frankfurt.

Damit starten zufälligerweise unsere letzten hundert Tage in New York.

Im Taxi war ich wehmütig, wollte mein geliebtes Park Slope nicht verlassen. Mir kann man es gerade nicht recht machen. Denn nach Deutschland zieht es mich natürlich auch.

In den Koffer habe ich ein Spielzeug von Lissy Labrador eingepackt, für Nick. Sie wird schrecklich fehlen bei unserem Wiedersehen.

Die letzten Wochen waren davon geprägt, tapfer sein zu müssen, und nur wenn ich gar nicht weiß, wohin vor Arbeit, oder intensiv anderen Menschen zuhöre, denke ich nicht an sie. Danach sehe ich erstaunt auf und kann nicht glauben, dass sie wirklich nicht mehr da ist.

Nach tagelangen Reisevorbereitungen sind die Koffer nun aufgegeben, und es bleibt nichts weiter zu tun, als zu warten. Heute hat es den ganzen Tag geregnet, und das Prasseln an den Taxifenstern machte uns alle schläfrig. Paula sah beim Aussteigen aus, als hätten wir sie aus einem kuscheligen Bett gezerrt.

Der Fahrer nahm Seitenstraßen, wahrscheinlich um dem Berufsverkehr auf der Hauptroute auszuweichen. Manche Viertel sehen wirklich zum Gotterbarmen aus. Man kann sich das vom Highway aus schon denken: drecküberzogene Straßen, grelle Leuchtreklame an jedem schmuddeligen

Lädchen und kreischender Subway-Lärm von der oberirdisch verlaufenden Trasse.

Tag 99

Wir fahren durch den Schwarzwald, Frühlingssonnenschein, beschwingtes Lied im Radio, angenehmes Auto, alles perfekt, aber mir laufen die Tränen übers Gesicht. Warum kann nur Lissy das nicht mehr erleben? Im Radio werden jetzt die Freitagnachmittags-Unfallmeldungen durchgegeben, und ich mache mir Sorgen um Nick. Letztlich kommen aber alle gut an, und die *family reunion* kann beginnen.

Ich starte mit der Hotel-Badewanne.

Tag 98

Heute hat Richards Vater Hans seinen achtzigsten Geburtstag. Ich mache seit sechs Uhr morgens Fotos von der Landschaft. Die Familie ist abwechselnd schwimmen. Frühstücken gehen wir erst, wenn alle auf den Beinen sind, mein Magen wird also noch länger knurren.

Zum Abendessen gestern saßen wir an einer schönen langen Tafel, Richards Bruder Frederik und ich lästerten ein wenig über das Hotel-Getue, und als wir damit fertig waren, unterhielt ich mich gut mit seiner Partnerin Suki.

Eben waren wir alle zusammen vergnügt spazieren – nachdem wir an einem mit Blüten übersäten Frühstückstisch saßen, wurde Hans von Moritz, Paula und Nick im Rollstuhl über Wiesen und Hänge hinauf und hinunter geschoben und wir anderen liefen munter drum herum. Ich spazierte mit Nick zum Hotel zurück. Spreche so gerne übers Schreiben mit ihm.

Tag 97

Habe schwer mit der Traurigkeit zu kämpfen. Sie kommt immer wieder und umhüllt mich dann vollständig. Wenn es direkt um Lissy geht, finde ich es angemessen, aber auf andere Bereiche sollte es eigentlich nicht übergreifen.

Ich fürchte, die Herausforderung ist gerade ein bisschen zu groß, da ja auch die Trennung von Paula ansteht. Wenn auch nur unter der Woche, denn sie käme am Wochenende immer nach Hause. Wir wissen es noch nicht sicher, aber geplant ist, dass sie ab September auf ein Internat geht. Es war Paulas Idee, hat rasch eine Eigendynamik angenommen, und nun rückt die Entscheidung näher.

Wir leben in Brooklyn so intensiv zusammen, dass es mir noch nicht richtig vorstellbar ist und schon im Vorhinein mächtig Abschiedsschmerz hervorruft. Das zweite Kind, das sehr früh Anlauf in die Selbstständigkeit nimmt. Ich suche nach Vergleichen, aber in meinem Freundinnenkreis gibt es keine.

Natürlich bin ich auch stolz auf meine Kinder, die eigene Wege erkennen und einschlagen, aber alle gleichzeitig »weg«? Ich weiß nicht, wie ich mir das Ende der Familienphase vorgestellt habe, aber nicht mit einem toten Hund, einem Sohn in Ausbildung irgendwo und einer Tochter im Internat.

Dabei muss ich an meine Herkunftsfamilie denken und an den Tod meines Stiefvaters als Ende der Familienphase. An meinen Bruder, der nach dem Schulabschluss ins Ausland zum Studieren ging. An mich, die ich schon ausgezogen war. Und an meine Mutter, der es den Boden unter den Füßen wegzog.

Tag 96

Heute löste sich die Familienzusammenkunft wieder auf. Alle starteten in unterschiedliche Himmelsrichtungen. Wir sitzen mittlerweile gemütlich in Weingarten bei Ina und Martin. Und gleich sehe ich auch meine Freundin Margit wieder! Ob ich heute Nacht noch ein bisschen schreiben kann?

Tag 95

Mit Ina in der Stadt gewesen, in Lädchen gestöbert, nette Kleinigkeiten erworben und zum Abschluss in der *Alten Bank* gegessen. Nachmittags im Sallenbusch viele Tiere kennengelernt und Carmen getroffen. Spontaner Wein in Frauenrunde und bei Sonnenschein. Gelungenes Abendessen mit der Familie von Paulas Freund Leon. Die Eltern leben getrennt, sind aber beide gekommen, um uns kennenzulernen. Auch der Lebensgefährte von Leons Mutter ist dabei. Wir reden kreuz und quer und hin und her und freuen uns über die beiden glücklich beisammensitzenden Jugendlichen.

Morgen geht's nach Heidelberg, und am Donnerstag wird es dann richtig spannend.

Tag 94

Mit Jana im *Rossi* getroffen – allerlei verspeist und viel erzählt. Zusammen aufgebrochen und nach einem Geburtstagsgeschenk für eine Kollegin Ausschau gehalten. Auf unserer Suche kamen wir in einem Musikgeschäft vorbei, in dem ich ein kleines Instrument entdeckte, das ich bisher noch nicht kannte: Kalimba in A-Moll. Muss nun mit nach New York. Außerdem strahlend himmelblaue Schuhe gekauft.

Später Max, den Sohn unserer amerikanischen Freunde, getroffen und sofort lospalavert. Nun können wir unsere Erfahrungen austauschen – der Wechsel zwischen den Welten ist ein ziemlich unerschöpfliches Thema. Und nichts macht mehr Spaß, als darüber mit Menschen zu sprechen, denen man nichts erklären muss. So kann man fröhlich mit Andeutungen Pingpong spielen, herzlich lachen und gemeinsam den Kopf schütteln.

Max hat einen Geheimtipp für uns, einen Mini-Italiener in einer Seitengasse, und unterwegs stößt Richard dazu. Es gibt sardische Zitronenlimo und Ignusa, das Insel-Bier. Dazu ein köstliches Risotto. Die Zeit huscht viel zu schnell vorbei, und wir müssen wieder aufbrechen. Vor der Rückfahrt nach Weingarten sehen wir noch bei Max' Studentenbude vorbei, die sich als Villa entpuppt, in der schon Kaiserin Sissi residierte, am Berg und zwischen hohen Bäumen gelegen. Was für ein Altbauzimmer! Und dazu ein Balkonausblick auf untergehende Sonne.

Am Heidelberger Bahnhof beobachte ich die Sittiche auf ihrer Suche nach einem Nachtquartier, sie durchkämmen in wilden Sturzflügen einen großen Baum, die Luft ist erfüllt von ihrem tropischen Geschrei.

Tag 93

Wir sind in Baden-Baden, lassen uns die Sonne auf den Kopf scheinen und stapfen bergaufwärts übers Kopfsteinpflaster, vorbei an einem italienischen Café mit blühendem Magnolienbaum. Ich hätte nichts gegen einen längeren Weg gehabt, aber um die Ecke herum stehen wir bereits vor dem Eingang zum Internat. Herzliche, zuvorkommende Begrüßung, und im Nu sitzen wir in einem Raum, in dem wir die Blicke schweifen lassen können – auf die Familienporträts oder auf einen Kristalllüster aus farbigem Glas, vielleicht Murano. Dann betritt die Geschäftsführerin den Raum, und wir kommen in den seltenen Genuss einer professionellen Gesprächsführung. Sehr hilfreich, nachdem wir doch alle drei zusammen und jeder für sich allein nervös sind.

Paula ist nach der Führung über das Gelände euphorisch, und wir lassen uns gerne anstecken. Auch wenn ich noch zwiegespalten bin, da ich selbst nie in ein Internat hätte gehen wollen, aber gleichzeitig doch sicher bin, dass diese klare Struktur hilfreich sein kann für unsere Tochter. Und nach dem Amerika-Abenteuer ein guter Weg zurück ins deutsche Schulsystem ist. Paulas Schultyp wird das sozialwissenschaftliche Gymnasium sein, falls sich alle Formalitäten positiv abwickeln lassen.

Zurück in Weingarten gehen wir abends, nach einem entspannten Hundespaziergang mit Joy, ins *Chalet* Freunde treffen und vom Tag berichten.

Tag 92

In der Früh hilft mir Margit, Päckchen und Briefumschläge fertig zu machen, und fährt zur Post mit mir. Danach geht es frühstücken zum *Eulenspiegel* in Bruchsal. Gestärkt starten wir unseren Ausflug nach Karlsruhe: Fotoausstellung in der Kunsthalle besuchen. Von der Majolika aus machen wir uns zu Fuß auf den Weg und bleiben erst einmal im Botanischen Garten hängen. Mit Krähen sprechen und den Pflanzen beim Aufblühen zusehen …

Die Ausstellung ist interessant konzipiert und stellt die Anfänge der Fotografie in Bezug zur zeitgenössischen Malerei. Nachdem wir uns beide sehr für Fotografie interessieren, sind wir völlig gebannt und machen uns gegenseitig begeistert auf Details aufmerksam. Ein schönes Extra sind die Ferrotypien eines japanischen Künstlers, der diese alte Technik für sein Fotoprojekt mit Jugendlichen einsetzt, die »nebenbei« Auskunft über ihre Lebenseinstellung geben.

Und die Aktion zum Mitmachen, »Fotografiert werden wie 1850«, ist so simpel wie eindrucksvoll. Wer so lange still sitzen und seinen Ausdruck halten muss, wirkt automatisch steif und mehr oder weniger würdevoll! Selbst unsere moderne Kleidung ändert daran nichts.

Abends geht es in neuer Besetzung wieder ins *Chalet*, und mir wird vor allem die lustige Rückfahrt in Erinnerung bleiben: Martin und Richard sitzen im Auto hinten auf dem »Kinderbänkchen«, und Ina und ich lachen über die schrägen Kommentare der Hinterbänkler.

Tag 91

Beim Vorab-Pass-Check am Frankfurter Flughafen ziehe ich das Zufallslos für eine zusätzliche Kontrolle und muss dazu in einen mit Sichtschutz versehenen Sonderbereich. Zum einen muss ich mein Handgepäck noch mal präsentieren, zum anderen mich selbst. Beine ausstrecken, abgetastet bekommen, dann fährt die Beamtin mit einem Detektorstreifen erst an der Kleidung entlang und anschließend am Gepäck. Danach zerlegt sie meine Schuhe, und ich schiebe missmutig sämtliche Sohlen wieder hinein. Die vom Schuh, die glücklicherweise nicht angeklebt sind, und die kurzen für den besseren Halt des Fußes, die ich extra dazugekauft hatte. Ich fürchte, ich habe eine Polizeiphobie, obwohl ich nie irgendwelche Probleme hatte. Sicher sollte man eher froh über jede weitere Kontrolle sein, als sich aufzuregen. Aber es fällt mir schwer.

Der Rest des Tages vergeht dann im Flieger bei drei Filmen, meinem persönlichen Rekord: *Wallace and Gromit* und *Mamma Mia 1* und *2*. Lustig, dusselig, super kitschig – alles recht, was harmlos ablenkt!

Tag 90

Ankommen zu Hause war ein bisschen wie »zurück im Käfig«, weil wir uns ständig selbst im Weg standen vor lauter Koffern und Wäschestapeln und Enge. Und recht wenig wie ein Sonntag, denn wir konnten sofort noch in die Wäscherei. Paula las für die Schule, und wir erledigten verschiedenen Papierkram. Mittags gab's einen Wir-sind-wieder-da-Treff mit der *Mariellas*-Crew.

Tag 89

Zäher Tag – an sich guter Dinge, aber doch ziemlich Jetlag. Um vier Uhr nachmittags hingelegt und um fünf Uhr lächelnd wieder aufgewacht und total neben mir gestanden. Dicker Kopf.

Mails geschrieben, mich durch Unterlagen gewühlt und abgeheftet, all die interessanten Prospekte, Zeitschriften und Bücher angesehen, die per Post kamen oder die ich mitgebracht habe, x Gedankenfäden aufgenommen und wieder fallen gelassen. Alles möchte sich gleichzeitig einen Platz erobern, und nichts hakt sich wirklich fest.

Tag 88

Eben war ich mit Paula Passfotos machen lassen, sie braucht eines für die Anmeldeunterlagen der Schule in Deutschland. Es wird ein sogenanntes berufliches Gymnasium, und sie hat dann auch Unterricht in Pädagogik und Psychologie. Wir können uns sehr gut vorstellen, dass das genau das Richtige ist für sie.

Sonst war der Tag unspektakulär, ich wühle mich weiter durch meine Papiere und bin dankbar für jede Erinnerungsnotiz.

Tag 87

Kaufte mir Kleinigkeiten vom *Muse* und ging damit schnurstracks in den Park, wo ich sie eben an einem der ersten Grillplätze verschlang.

Am Nachbartisch sitzen zwei Frauen mit Babys, etwas entfernt ein Mann mit seinem kleinen Sohn und einer beunruhigend großen Tüte Essen, dahinter eine jüngere Frau mit Kaffee, die auch schreibt. Das Wetter ist schlagartig herrlich geworden, und es scheint, als drängten alle nach draußen, die es irgend möglich machen können.

Auf der großen Wiese spielen Schüler in Trikots ein Ballspiel, das ich aus der Ferne nicht zuordnen kann, und die Radler ziehen wie gewohnt ihre Kreise.

In meiner Nähe versucht eine Frau gerade, ein Eichhörnchen aus der Hand zu füttern, aber ganz so zahm sind sie dann doch nicht – ein Stückchen musste sie die Erdnuss werfen, und nun kann ich das Hörnchen knabbern hören. Und da ist auch schon ein zweites – sie zucken mit den Köpfchen, je nachdem wie die junge Frau ihre Finger bewegt. Wir lächeln uns zu. Anscheinend hat sie etwas zu arbeiten dabei und setzt sich dazu mit dem Rücken an einen Baumstamm gelehnt hin. Ich werde noch ein bisschen spazieren gehen. Und vielleicht auf der Bank mit Aussicht lesen. Da, wo ich immer mit Lissy saß ...

Tag 86

Hab mich früh am Morgen auf den Weg zum Botanischen Garten gemacht, um als eine der ersten Besucher*innen ungestört umherstreifen zu können. Bin sehr zufrieden: Morgensonne, und sogar Kaffee gibt es schon. So kann ich jetzt hier sitzen und im Windschatten auf die Gewächshäuser gucken. Es weht ein fröhlicher, frischer Frühlingswind, keine schneidenden Winterhiebe mehr ... außer mir sind nur Mütter mit kleinen Kindern unterwegs und andere vereinzelte Blüten-Anbeterinnen. Ein älterer Mann klappt die Sonnenschirme an den Tischen auf. Aus der Ferne höre ich Schulkinder.

Tag 85

Heute nasskalt draußen, nur zum Einkaufen und Paula Abholen draußen gewesen. Mit Maren telefoniert – eben kam auch noch einer ihrer kunstvollen Briefe bei mir an. Hab mich übermütig bei einem Cyanotypie-Workshop nächstes Wochenende angemeldet, eine Anfrage an einen Heidelberger Makler geschickt, mich beim Dove-Projekt #ShowUs beteiligt und eine länger aufgeschobene Mail geschrieben. Freitag eben.

Das Thema, wo wir eigentlich wohnen sollen, wenn wir zurück sind, beschäftigt mich trotz aller erstaunlich effektiven Verdrängungstechniken nun doch zunehmend. Es könnte Mut zu einer für uns untypischen Lösung gefragt sein. Wir haben uns in Heidelberg zumindest vom Auto aus die »Bahnstadt« angesehen, und ich fand's weniger abschreckend als befürchtet. Wäre ja auch mal was: wohnen, wo alles neu ist und funktioniert.

So, jetzt gibt's Abendessen, und morgen wird Geburtstag gefeiert!

Tag 84

Welcher Eindruck von diesem Tag wird mir in Erinnerung bleiben?

Vielleicht das Frühstücksbistro in Manhattan, in dem ich auf einer roten Lederbank vor einem hellen Tischchen saß, das Leben schwirrte wie die Kellner, Gläser klirrten, die Kaffeemaschine brummte, Besteck an Tellern mit Eiern, Bacon, Pancakes und Sirup klapperte, das Orange meines Safts meine Augen bannte und Einfassungen golden schimmerten. Ich fühlte mich zurück nach Europa versetzt, in den Süden, und gleichzeitig vor den Fenstern als Kulisse Manhattan, das jeder als Anblick liebt, das aber doch so schwer zu leben ist. Lautes Lachen schallt durch den Raum, junge Menschen drängen sich an der Bar aneinander und ältere sehen sich in die Augen. Ich wäre gerne noch viel länger geblieben ...

Vielleicht auch der Moment, als ich merke, dass ganz in der Nähe das Hotel sein muss, in dem wir bei Richards und meinem allerersten NY-Aufenthalt übernachteten. Ein zumindest damals sehr angesagtes Hotel, in dem wir nur ein Zimmer bekamen, weil ein Bekannter aus NY dort für uns anrief. Ich dränge Richard und Paula, dorthin zu gehen, und mir wird schlagartig klar, was für absolute Greenhorns wir waren, und ich könnte mich ausschütten vor Lachen, da ich uns von außen zusehe, wie wir damals geschützt durch unsere Naivität außergewöhnliche Dinge erlebten, die wir heute mit einem fröhlichen Kopfschütteln quittieren, ein wenig Nostalgie, und auch etwas Schadenfreude denen gegenüber, die wir damals vor den Kopf stießen. Nice.

Tag 83

Langer Parkspaziergang mit Richard: Viele Rote Kardinäle in den Bäumen, unzählige Gelbwangenschildkröten am Seeufer, und noch mehr Menschen und ihre Hunde auf den Wegen. Bin ein bisschen dusselig vor lauter Eindrücken von gestern und Frühlingswetter von heute.

Gerade brüten Thorsten und Richard über der amerikanischen Steuererklärung. Wie gut, dass sich Thorsten damit auskennt – er hilft ehrenamtlich in einem Verein armen Familien dabei – und so geduldig ist. Nachher kommt Isabel dazu, und wir laden die beiden ins *Piccolis* ein.

Tag 82

Hab die amerikanische Steuererklärung auf die Post gebracht und mit *certified mail* auf den Weg geschickt. Natürlich war wieder die strenge Dame hinter dem Schalter und wie fast immer nicht zufrieden mit mir, aber nun kann ich also auch Einschreiben aufgeben.

Nick rief an und berichtete von einem Fallenjäger im Weinberg – das ist ja eine erbärmliche Sache. Man darf die Tiere nicht in der Falle töten, aber vorne aufmachen und sie dann erschießen, wenn sie den Kopf rausstrecken, darf man schon. Hoffentlich gelingt es ihnen, den Typen mürbe zu machen, bevor er erfolgreich ist.

Tag 81

Sitze im F-Train nach Manhattan, das sich gerade noch umwölkt zeigt (Blick von Smiths-9th Street aus). In der Metro schlafen etliche Männer, auch die für einen Bürojob gekleideten. Es ist überhaupt ziemlich voll für einen Dienstag und nach der Rushhour, aber allmählich füllt sich die Stadt auch wieder mit Besuchern. Spätestens ab nächster Woche wird wirklich Rummel sein, dann ist der Winterschlaf vorbei und Ostern da.

Ich nehme an einer der kostenlosen Führungen in der New York Public Library teil – enthusiastische Führerin, ich bin aber trotzdem etwas enttäuscht, weil wir nur in den großen Lesesaal gehen, da sie ansonsten nirgendwo mit der ganzen Gruppe stören will. Weil ich aber selbst keinen Bibliotheksausweis habe, hätte ich das gerne mit der Gruppe gemacht. So stehen wir die meiste Zeit in den Gängen, und sie macht uns nur den Mund wässrig.

Danach habe ich mich ein bisschen im Bryant Park herumgetrieben und mir ein Sandwich gekauft. Ohne den schneidenden Wind, der leider wieder um die Ecken pfeift, hätte ich es länger ausgehalten. Der Platz hat Ausstrahlung! Wie ich jetzt weiß, stand dort früher das Wasserreservoir von NY, und die Steine davon bilden nun das Fundament der

Library. Unter dem Park wiederum befinden sich die Archive, etwa zwei Millionen Bücher. Entsprechend wurde der Fußgängertunnel der Metro gestaltet: mit einem Goldene-Wurzeln-Mosaik und literarischen Zitaten.

Mal sehen, ob ich es noch schaffe, den Film anzusehen, den die Library im kleinen hauseigenen Kino anbietet. Heute habe ich nur einen kurzen Blick in die gerade aktuelle Walt-Whitman-Ausstellung geworfen und ein interessantes Detail entdeckt: sein Buchdesign für *Leaves of Grass* sei deutlich inspiriert von dem Werk *Fern Leaves from Fanny's Portfolio* seiner sehr erfolgreichen Zeitgenossin Fanny Fern. Möglicherweise, um an ihren Bucherfolg anzuknüpfen beziehungsweise seinen subversiven Inhalten einen gesellschaftlich akzeptierten Anstrich zu geben. Fern war 1855 die am höchsten bezahlte Kolumnistin der USA, und eine Buchausgabe ihrer Kolumnen verkaufte sich bereits im Erscheinungsjahr 70 000 Mal. Sie war eine der ersten, die sich öffentlich auf Whitmans Seite stellte und seine Dichtung lobte.

Tag 80

Besuch bei Maya und ihrem kleinen Sohn Sebastien. Von der Bergen Street aus durchs morgendliche Cobble Hills zu ihrem Haus gelaufen und auch diesmal wieder ein Gefühl von Geborgenheit gehabt.

Wir starten sofort unseren Spaziergang zum Fluss, wo uns ein toller Ausblick, pralle Sonne und frischer Wind begrüßen. Wir holen uns Tee für unterwegs, und für mich gibt es dazu eine leckere Zwiebel-Sesam-Stange. Die Magnolien blühen fett und prächtig. Helikopter überfliegen uns. Sebastien testet verschiedene Spielplätze, entscheidet sich aber erst für Zusammensitzen mit uns und dann für Heimgehen und Mittagessen. Es gibt gesundes leckeres Allerlei zu Mittag: Oliven, Tomaten, Gurke, Hühnchenfleisch, Brot, Hummus und verschiedene Sorten Käse. Als Dessert Erdbeeren und Brombeeren. Hmmm! Und ein Stück von der schwarzen Schokolade mit Karamell und Salz, die mir heute beim Unions Market ins Auge fiel.

Tag 79

Mit meiner Schulfreundin Susanne telefoniert, endlich meine Steeldrum mit Noten beschriftet – die da leider nicht so beieinanderliegen wie beim Klavier –, meine Website aktualisiert, gestaubsaugt, Tüten für den Vintage-Laden und zum Auf-die-Straße-Stellen gepackt, meinen Blumenstrauß gepflegt, auf dem Fingerklavier gespielt, Müll runtergebracht, gegessen, zum Fenster hinausgesehen dabei, gelesen und mich gefragt, wann ich endlich wieder fit bin und mir nicht alles abquälen muss.

Tag 78

Viele kleine und große positive Nachrichten – Zusage und Vertrag vom Internat! –, und es fühlt sich an, als ob ich endlich durch den Flaschenhals durch wäre und die Enge von mir weicht, die mich so bedrückt hat. Bin auf der Fahrt zu Richards Büro. Wir gehen mit Curtis essen, Mayas Mann.

Und schon bin ich wieder auf dem Heimweg, beschwingt vom Pläneschmieden: Curtis will uns noch ein bisschen Nightlife zeigen. Ohne den Besuch in einer *rooftop bar* oder in einer der sogenannten *hidden bars* wieder zurückzugehen geht ja gar nicht, oder? Die *hidden bars* haben eine Tradition, die in die Prohibitionszeit zurückreicht, sind aber (spätestens seit sich die Wegbeschreibung dorthin in dem gedruckten Reiseführer eines großen deutschen Verlags wiederfindet) nicht mehr wirklich *hidden*.

Tag 77

Gleich gehe ich zum Cyanotypie-Kurs der Brooklyn Brainery, die einen kleinen Ableger bei uns ums Eck haben. Die Brainery bietet ein kunterbuntes Programm an Tages- und Abendkursen an. Die Auswahl ist groß: von kreativen Techniken über Rhetorik bis hin zu politischer Bildung. So kann man unterschiedlichste Dinge kennenlernen, ohne sich auf einen monatelangen Kurs festzulegen.

Der Kurs war klasse! Die Leiterin Jen, gleichzeitig Mitgründerin der Brainery, ist quirlig und voll bei der Sache. Außer mir, die ich zu früh da war und die Gelegenheit für einen Small Talk nutzte, kamen noch ein Pärchen und eine sympathisch alternative ältere Lehrerin. Zunächst fertigten wir zusammen drei Proben auf unterschiedlichen Untergründen an, dann durften wir frei hantieren. Wir experimentierten eifrig und waren froh, dass gegen Ende doch noch richtig die Sonne rauskam und wir bessere Cyanotypien erhielten.

Paula besuchte in der Zwischenzeit mit einer Schulfreundin eine riesige Shopping Mall in Queens, und Richard und ich genossen später den Frühlingsstart im Botanischen Garten mit einem Eis auf einem Mäuerchen. Heute ist es definitiv so weit: T-Shirt-Wetter!

Wieder zu Hause noch einen Leihwagen für die Fahrt ans Meer gebucht und ein Airbnb hier in Park Slope – für die Tage, wenn der Container schon beladen sein wird, und wir keine eigene Wohnung mehr haben, aber noch Dinge zu erledigen sind. Hui …

Tag 76

Mit Richard im Vintage-Laden gewesen, weil ich dort *Scientific American Supplements* von 1916 entdeckt hatte und sie ihm zeigen wollte. Letztlich kauften wir dann alle fünf Exemplare, Abschiedsgeschenke für einige seiner Kollegen. Ich erstand wieder kleine Rahmen, wie immer, wenn ich halbwegs originelle in die Hände bekomme. Das Angebot ändert sich in beiden Vintage-Läden rasch, man könnte jede Woche vorbeisehen, nur wollen wir ja eigentlich nichts mehr kaufen. Das Ausmisten hier steht schon kurz bevor.

Richard ist gerade Pfeife rauchen, und Paula fährt Inliner dazu. Ich werde noch meine Rähmchen zum Einsatz bringen, und dann ist es auch schon wieder vorbei, das schöne Wochenende.

Tag 75

Draußen hat es gestürmt und geschüttet, drinnen saßen Paula und ich und werkelten mit Acrylfarben – bemalen, restaurieren, dekorieren. Alles gelungen! Außerdem viel Staub gewischt (ich) und viel aussortiert (Paula). Sie sammelt gerade alle Gegenstände ein, von denen wir uns trennen können, und will einen kleinen Straßenflohmarkt damit machen.

Tag 74

… die Sonne kam zurück, ich saß trotzdem am Schreibtisch. Um Unterlagen abzuheften und Nachrichten zu schreiben. Mit Doro zu telefonieren und mit Christine. Am längsten tauschten Christine und ich uns darüber aus, was guten Unterricht ausmacht. Über meine Erfahrungen als Schülerin hier – mit meiner Sprachlehrerin Base, meiner Zeichenlehrerin Enid und Jen von der Brainery – und über ihre auf der anderen Seite, als Lehrerin für Grafikdesign.

PS: Am Aufgang zum Botanischen Garten gesehen: eine schwarze Frau, die ihrem nackten Babybauch eine grüne Schleife umgebunden und Brust und Beine in rosa Tüll gehüllt hatte. Absolut spektakulär! Und ja, es sollte wie ein Osterei mit Füllung aussehen. Der werdende Vater nebendran hielt die Hand der Tochter, und die ältere Frau in der Gruppe war wahrscheinlich die Mutter der Schwangeren. Ich fand's klasse und sehr mutig. Die Umstehenden und sogar vorbeikommende Autofahrer*innen guckten fasziniert, nickten amüsiert, und spontanen Applaus einer Passantin gab es auch.

Tag 73

Bin auf der Metro-Heimfahrt von Whitehall. Hatte unsere Besucher zur Fähre nach Roosevelt Island gebracht und war kurz im Battery Park gewesen, Blicke auf die Freiheitsstatue werfen. Das Wetter darf sich noch aufmachen, damit es schönere Fotos gibt – Grau kann jetzt einfach niemand mehr sehen.

In der Früh saßen wir mit der Besuchsfamilie an einem Doppeltisch im *Little Purity*. Es fühlte sich so beruhigend an, in großer Runde zusammenzusitzen, bevor jeder seinem Tag nachgeht. Paula musste noch ein wenig für einen Test lernen, hatte dafür aber einen Berg Pancakes mit Sahne, Erdbeeren und Schokosoße vor sich, während Gesine eine Schale mit zwei hart gekochten Eiern orderte. Hübscher Kontrast.

Tag 72

WhatsApp aus der Schule – Paula hat eine starke Allergie und war bei der Schulkrankenschwester. Nachdem sich ihr Gesamtzustand trotz der verabreichten Tropfen nicht verbesserte, wollte sie lieber heimkommen. Als ich es telefonisch erlaubt hatte, stellte die Sekretärin einen entsprechenden Pass aus, mit dem Paula zum einen das Gebäude verlassen darf und zum anderen bei den Fachlehrern*innen nach den Osterferien nachweisen kann, dass sie nicht geschwänzt hat. Ab morgen hat sie frei, und Richard muss nur einen halben Tag zur Arbeit. Heute Abend wollen wir die kleinen Ferien mit einem Kinobesuch beginnen.

Das Nitehawk ist ein Kino mit spektakulär schlechtem Ruf aus der Vergangenheit. Nun verlockt es frisch renoviert, mit auf den Hauptfilm angepassten kurzen Vorfilmen und leckeren Kleinigkeiten zum Essen, die während des Films geordert werden können. Die Vorfilme sind retro, schreiend komisch und voller kreativer Intelligenz. Ich würde auch für sie alleine kommen.

Tag 71

Bin mit Paula nach Manhattan gefahren – sie hatte eine Spielhalle ausfindig gemacht, bei der wir uns mit Richard trafen. Gellender Lärm von den Straßen, grelles Licht vom Himmel und ein Strudel aus Geschäftsleuten, Passant*innen, Eltern, Kindern, Hunden, Tauben und allem, was sonst noch Beine hat, auf schmalen Gehwegen. Aber das Abtauchen in den dunklen Keller half, wir spielten Tischtennis und Shuffleboard und tranken große Gläser mit eiskalter *homemade lemonade* dazu.

Als Casparys vom Museumsbesuch kamen, trafen wir uns bei der Intrepid, die wir gemeinsam ansehen wollen. Der Flugzeugträger ist schon wegen seiner schieren Größe beeindruckend, aber mich fasziniert noch mehr der Blick von dort auf die Stadt. Manhattan von der Kommandobrücke aus sozusagen ins Visier zu nehmen ruft sehr gemischte Gefühle hervor.

Überraschend war auch hier – genau wie bei Weltraum- oder Tiefseefahrzeugen, die ich schon gesehen habe –, wie verhältnismäßig rudimentär und altmodisch die Geräte und Steuerungselemente anmuten. Sie müssen wohl in erster Linie robust für Extremsituationen sein. Während Richard und ich auf der Kommandobrücke waren, sah sich Paula das U-Boot an, das hier ebenfalls vertäut liegt.

Mit mächtig Hunger liefen wir flott an den Piers entlang bis zum *Frying Pan*, einem am Pier 66a vor Anker liegenden Schiff, auf dem es einfaches schmackhaftes Essen gibt und lauter gut gelaunte Menschen, die den Feierabend auf dem schaukelnden Wasser vor Großstadtkulisse genießen. Wir saßen eng beisammen und trotzten der steifen Brise. Als schwere Sturmböen einsetzten, beeilten wir uns, zwei Uber zu rufen und fortzukommen. Die Heimfahrt kam mir dank der vergnügten Unterhaltung so kurz vor wie nie.

Tag 70

Mit Paula personalisierte Osterhasen gebastelt: Einer bekam eine auffällige Kette, einer ein Käppi, die passende Haarfarbe oder auch eine Brille. Kleinigkeiten genügen, und schon ist der Wiedererkennungsspaß perfekt.

Den Nachmittag verbrachten wir mit dem Vorbereiten unseres Festessens, wobei Paula die Speisen erdachte und die Deko organisierte, Richard kochte, wir assistierten, und sich überhaupt jeder nützlich machte, wo sie oder er gerade gebraucht wurde.

So konnten sich die hungrigen Express-Train-geschädigten Ausflügler direkt an den Tisch setzen. Es gab ausschließlich Fingerfood für die größte Runde, die wir in unserer Küche bisher unterbringen mussten, Teller für jeden hätten unser Tischchen endgültig überfordert. Umso ausgelassener war die Unterhaltung. Alles bestens.

Tag 69

Ostersonntag. Den Tag in Ruhe zu dritt begonnen, auf dem Tisch bunte Tulpen und ein kleines Päckchen für jeden. Paula war auf Ostereiersuche – Richard hatte gute Verstecke erdacht –, und diesmal gab es auch die richtigen Sachen fürs »Nest«. Übermütig verpassten Paula und ich uns Selfie-Öhrchen.

Gleich gehen wir los zur Easter Parade, bin sehr neugierig! Bis später …

Oh, die war wirklich sehenswert! Allerdings mehr ein *gathering* denn eine Parade. Die österlichen Paradiesvögel ließen sich bereitwillig fotografieren. Fröhliche Stimmung, sehr gelassen, nicht zu überlaufen – stimmte mich wieder versöhnlich, nachdem das Subwayfahren heute echt zum Abgewöhnen war. Das Wichtigste bei der Easter Parade sind definitiv die Hüte und kreativen Kopfbedeckungen aller Art. Es gab sogar extra einen Stand, an dem man wunderbare Kreationen hätte erwerben können, und etliche Ballon-Knote-Künstler, die für alternative Kopfbedeckung sorgten. Paula erstand so eine Kreation in Grün und trug sie bestens gelaunt und hoch erhobenen Hauptes.

Und was war mein Problem mit der Subway diesmal? Zweimal aggressives Betteln, dann eine laut wehklagende, völlig in sich zusammengefallene Frau, die zwar in Begleitung, aber trotzdem untröstlich war, dazu der aberwitzige Wochenendfahrplan und die spannende, aber mehr an eine Geisterbahn erinnernde Sicht direkt durch die Frontscheibe in den Tunnel. Aus einem Zugwaggon, den wir schon im Transit Museum als ausrangiert besichtigt hatten – ganz offensichtlich fahren sie aber doch noch.

Nachdem wir auf der Easter Parade genug gesehen hatten und unsere Stimmung etwas zu kippen drohte, als wir bemerkten, dass von einigen wenigen Menschen auch Tiere österlich drapiert und auf tierquälerische Art und Weise zur Schau gestellt wurden, flüchteten wir zu *Pret A Manger* und ergatterten dank Paulas Initiative sogar Sitzplätze.

Gestärkt fuhren wir noch zu »unserem« Flohmarkt, dem unter der Manhattan Bridge in DUMBO. Um auf Zeitreise zu gehen, muss man alles Drumherum ausblenden, den

Blick auf einen Gegenstand fokussieren und so lange versuchen, Verbindung aufzunehmen, bis er beginnt »zu leben«. Diesmal gelang mir das mit einer Daguerreotypie, die einen jungen Mann zeigte, der sich versonnen-philosophisch präsentierte. Und die natürlich mitmusste.

Tag 68

Heute High Line. Eigentlich wollte ich da schon gar nicht mehr hin, weil mir das touristische Ablaufen bei Wind und Wetter auf die Nerven ging, aber es gab auch diesmal wieder Neues zu sehen. Trotzdem: Es fühlt sich etwas bitter an, dass die Idee und das Engagement der damaligen Anwohner*innen einen Immobilienboom anschoben und somit jetzt ganz anderen Bewohner*innen zugutekommen. Abgesehen von dieser Entwicklung ist es aber schön, zu sehen, wie die ganze Anlage gehegt und gepflegt, professionell verwaltet und mit Kunst bestückt wird, denn sie ist ja nach wie vor Allgemeingut.

Ich hoffe, dass ich die Einweihung der Skulptur von Simone Leigh noch mitbekomme – die sieht auch schon von Weitem sehr cool aus. Zusammen mit *Vessel* (ein spiraliges, freistehendes begehbares Treppenhaus) und *The Shed* (das Kulturzentrum mit der riesigen Dachverschiebeanlage auf Rollen) ist Manhattan nun architektonisch wieder auf dem State of the Art.

Der Chelsea Market bekam eine zweite Chance – den abschreckenden Menschenströmen darin zum Trotz. Auch hier gibt es interessante Details, wenn es einem gelingt, sich darauf zu konzentrieren. Ich belohnte mich mit kandierten Orangen mit Schokoüberzug. Zu Hause gab's noch eine Riesentasse Kakao, wärmende Stärkung von innen tat gut nach so viel frischen Böen.

Richard und unser Besuch gingen Livemusik hören ins *Barbès*, einer Musikbar in Park Slope, die dieses Jahr beinahe hätte aufgeben müssen. Dank Pressebericht und neu gewecktem Interesse können sie nun doch weitermachen. Die Band ist mit Sicherheit wieder sehr gut, aber mir ist es viel zu eng dort. Für mein Empfinden sitzt man fest in einem Kellerloch ohne Fluchtmöglichkeit nach vorne und zugestellt von Menschen im Rücken. Entsprechend stickig ist es. Die Tuchfühlung mit den anderen Gästen packe ich heute nicht mehr.

Tag 67

Sehr nett – ich gucke vom Tischchen im *Muse* rüber auf mein Eckfenster und schreibe hier statt drüben!

Vorhin habe ich es endlich hinter mich gebracht und Aimee erzählt, dass Lissy gestorben ist. Sie kam alleine im Sonnenschein auf mich zu – aufrecht, stolz und liebevoll wie immer –, und es gab kein Ausweichen mehr für mich. Sie hat genau richtig reagiert. Ich mag sie wirklich sehr.

Eben unterhielt sich der Chef vom *Muse* mit mir. Alle sind glücklich über das traumhafte Wetter heute, ich auch! Er konnte es kaum glauben, als ich ihm sagte, dass wir im August schon zwei Jahre hier wohnen werden. Ihm habe ich noch nicht erzählt, dass wir zurückgehen, Aimee auch nicht. Eines nach dem anderen.

Gleich kommt Paula nach. Und ich löffle jetzt mal meinen Fruchtjoghurt zu Ende.

Tag 66

Ausflug in die Stadt mit Paula. Die Sprüche in der Subway (Reklame von StreetEasy) treffen den Nagel auf den Kopf:

NY is the worst! Wahlweise dann: *I love it!* oder *I'll never leave.* Weiter: *Where stars get star-struck.* Oder auch ein kurzer Dialog: »*Thinking about a move to LA*« und als einzig passende Antwort: »*You're dead to me*«.

Wir sitzen mit Kaffee und Wasser direkt am Rasen im Bryant Park und sehen dem Brunnen beim Plätschern zu. Später kuscheln wir uns in die Kinosessel und sehen den Infofilm der Library an, für Buchliebhaber*innen ist das wie für andere Schwarzwälder Kirschtorte essen: ein Hochgenuss. Inspiriert wieder losgezogen und Mittagswegzehrung bei Whole Foods erworben. Die lange Schlange war eine Geduldsprobe, und wir essen improvisiert auf Treppenstufen – die besonderen Morgenstunden sind vorbei, jetzt ist der Bryant Park überflutet mit hungrigen Büroleuten und erschöpften Touristen. Aber einen umwerfenden Charme hat er zu jeder Zeit.

Für eine frische Brise unterbrechen wir die Heimfahrt bei York Street, laufen wie gewohnt an der Brooklyn Roasting Company vorbei ans Wasser und setzen uns mit Aussicht auf die Brücken und auf Manhattan. Beeren essen und lesen. Kurzer Abstecher zur Historic Society und in die Powerhouse-Buchhandlung, und dann ist unser Ausflug vorbei.

Morgen geht's ans Meer!!!

Tag 65

Zwischenstopp mit Sandstrand – austoben und später vergnügt in einem Wohnzimmer-*Diner* essen.

Jetzt machen wir es uns im Häuschen gemütlich. Dafür, dass wir diesmal ohne Lissy da sind, fühlt es sich erstaunlich normal an, aber natürlich ist es eine Herausforderung, nun das Beste aus unserer Zeit hier zu machen. Bei den Hundepfoten-Abdrücken am Strand habe ich schnell weggesehen. Für einen kurzen Moment war es so, als wäre sie nur vorausgelaufen.

Für morgen ist Regen angesagt.

Tag 64

Das Wetter war viel abwechslungsreicher als gedacht, und mittags konnten wir bei leichtem Wind und herrlicher Sonne draußen auf dem Balkon essen. Außerdem auf dem Programm: heftige Schauer, spektakuläres Wolkengeschiebe, Blitz und Donner.

Zwischendrin beobachteten wir Fischadler und Sanderlinge, sammelten Horseshoecrab-Panzer und liefen am Strand entlang.

Paula verabschiedete sich mit einem langen Brief von ihren Social-Media-Kanälen, und ich zeichnete alles, was man durchs Verandafenster sehen konnte.

Die hübschesten Möwen heißen übrigens »Bonaparte«.

Tag 63

Heute möchte ich noch üben, Wolken zu zeichnen und vielleicht auch Pfeilschwanzkrebse. Gestern Nacht habe ich zum ersten Mal lebende Exemplare gesehen. Wenn es Ebbe wird, bleiben sie in den Tümpeln und paaren sich zu mehreren. Urzeittiere bei Mondschein – das hat schon etwas Schauriges.

Gegen Abend war auch noch ein Weißkopfseeadler direkt an unseren Fenstern vorbeigesegelt. Ich will nicht mehr weg vom Meer. Nachher fahren wir nach Cape May und sehen uns den Leuchtturm an.

Konnte mich an den alten Strandvillen gar nicht sattsehen. Besonders eine Jugendstilvilla hatte es mir angetan: Majolikafliesen, Holzportal, Ornamente am Giebel und viele andere Blickfänge – unmöglich, im Vorbeifahren alles zu erhaschen.

Ein Antikladen fiel uns auf, und sofort wurde ein Parkplatz gesucht, gefunden, und man sah drei Menschen die Schwelle zum Trödelparadies überschreiten, für lange Zeit verschwinden und gefühlte Stunden später mit Päckchen beladen wieder zum Vorschein kommen. Was wohl in dem unscheinbaren Packpapier für Schätze sind?

Auf den Leuchtturm durften wir leider wegen des starken Windes nicht. Wir fanden aber ein Strandlokal mit Aussicht und einem schicken Oldtimer davor, dessen Besitzer sich in der allgemeinen Aufmerksamkeit für sein Gefährt aalte. Fühlte sich nach Ferien wie im Film an.

Tag 62

Heute ist Abreisetag, und ich merke, dass sich die Nervosität ganz langsam wieder anschleicht, die ich nun in New York immer haben werde, weil der »endgültige« Abschied bevorsteht.

Paula braucht dringend eine Brille – sie wollte eigentlich so gute Augen haben wie ihr Vater, aber nun setzt sich doch die Erkenntnis durch, dass es das Vererbungsschicksal anders vorgesehen hat ;-).

Tag 61

Vom Meeresrauschen zurück im Großstadttrubel – auch wenn die Bäume vor den Fenstern zumindest die Augen erfreuen, das Dröhnen der Laster nervt!

Auf dem Weg zum Park steckt ein Buch mit dem Titel *Your Dream Life Starts Here* im Zaun. Ich stoppe, fotografiere es, und tatsächlich fühlt es sich an, als hätte ich eine imaginäre Linie überschritten: *powerful words*.

Mit Kaffee im *Muse* sitzend, lese ich in dem Katalog zu Alicja Kwades Installation »ParaPivot« auf dem Dach des Metropolitan Museum. Ich bin gerade nicht auf dem Stand mit den zeitgenössischen Künstler*innen, merke ich – sie war schon auf der Biennale (in Venedig) und an anderen namhaften Orten zu sehen … und das MET ist natürlich eine weitere große Ehre. Ich freue mich schon darauf, das Werk im Original zu sehen. Die Installation letztes Jahr war leider ziemlich schrottig. Mit politischem Anspruch, okay, aber die Ausführung fand ich misslungen. Da hat die

Kunst von Kwade ein ganz anderes Format. Mir gefallen ihre Arbeiten so gut wie die von Rebecca Horn und Rachel Whiteread.

Vor den Garagen neben unserem Haus stehen drei Typen und starren mich an. Obwohl ich so nah bin, dass ich selbstverständlich jedes Wort hören kann, spricht der eine über mich: »*Oh, here she comes – she's a dogwalker around Park Slope, she's everywhere, everywhere.*«

Nach einem Moment des befremdeten Kopfschüttelns muss ich breit grinsen: Sie haben mich mit Aimee verwechselt! Also, mit ihren Muskeln und coolen Outfits kann ich zwar im Leben nicht mithalten, die sind ja gut, die Jungs. Aber ich betrachte das mal als Kompliment. Und ja, es riecht schwer nach was zu rauchen ums Haus herum.

Tag 60

Zu Fuß zum Artist & Craftsman Supply gelaufen. Auf dem Weg kommt man an einem Park mit einem Spielplatz und einem historischen Steinhäuschen vorbei. Der breite Fußweg an der Seitenfront wird von Platanen gesäumt. Meistens sehe ich den Jugendlichen auf den Sportplätzen zu, oder ich halte Ausschau nach den schwarzen Eichhörnchen. Heute fiel mein Blick auf die Plaketten an den Bäumen, die ich bisher übersehen hatte. Die Bäume sind verstorbenen Soldat*innen gewidmet, und man kann ganze Geschichten darauf lesen. Ich fange an zu lesen, aber es gibt mir so ein seltsam verlorenes Gefühl, dass ich mich bald wieder auf den Weg konzentriere.

Der Künstlerbedarf ist in einer großen Halle untergebracht und im Übergang zwischen unserem Viertel und Gowanus gelegen. Fundgrube und Augenweide für *professionals* und Hobbykünstler*innen gleichermaßen. Ich freue mich so über meine Errungenschaften, dass ich sie ausnahmsweise hier mal aufzähle: gute Pinsel, weiße Acrylfarbe, Bretter und Klammern fürs nächste Mal Cyanotypie, farbige Stempelkissen, Passepartouts, Portfoliomappe (für Paulas Dokumente), Pinselreiniger, Blankobücher, ein Leporello und Seidenpapier. Froh nach Hause marschiert und mir vorgestellt, was ich alles damit machen werde. Besonders die Blankobücher sind eine kreative Verlockung.

Tag 59

Na so was: Kündigungsfristen sind hier alle kürzer beziehungsweise greifen sofort. Nachdem ich mir gestern noch Gedanken gemacht hatte, ob wir gut in der Zeit liegen, erfuhr ich heute, dass wir zu früh dran sind für alles! Definitiv anders als in Deutschland. Strom und Internetverbindung ab einen Monat vorher, Gas eine Woche.

Anregendes Telefonat mit Maren – wie immer zu kurz, um alles zu behandeln, was wir gerne miteinander bereden wollen, obwohl wir uns schon mindestens eine Stunde Zeit nehmen dafür.

In einer halben Stunde fahre ich mit der Subway los zur Bergen Street, wo ich Paula treffen werde, um mit ihr zum Papersource zu gehen. Nachdem sie sich ja selbst Handyabstinenz verordnet hat, möchte sie sich nun einen Kalender kaufen. Da hüpft das Herz der Papier liebenden Mama natürlich! Vielleicht finden wir auch gleich noch ein *Graduation*-Geschenk für Gus. Mal sehen …

Tag 58

Wieder einmal Aufbruch zur »Museumsmeile« – diesmal alleine und zur Neuen Galerie. Die Schlange am Einlass ins Gebäude ist kurz, dann kommen Taschenkontrolle und Körperscanner und noch einmal Anstehen an der Kasse, aber alles harmlos. Eigentlich entstehen überhaupt nur Schlangen, weil die Eingangshalle so klein und verwinkelt ist, dass immer nur eine Handvoll Leute reingelassen werden können. Es gibt eine einzige Eingangstüre, und durch die müssen auch die Café-Gäste. Für das Café im Erdgeschoss steht man länger an, es hat so etwas wie Kultstatus als Wiener Café schlechthin. Im Keller gibt es noch eines, mit dem passenden Namen *Fledermaus*. Das ganze Haus hat eine für mich eher abschreckend schwerreiche Ausstrahlung.

Dieses ganze Schwarz/Gold im Zusammenhang mit Deutschland und Österreich ist etwas schwer zu ertragen, auch wenn es dem Geschmack der Kosmetikindustrie (Lauder) geschuldet und sicher kein politisches Statement ist. Im Treppenhaus bin ich dann wirklich kurz zusammengezuckt, als ein junger blonder Mann in dunklem Anzug und mit Dreißigerjahre-Haarschnitt die Treppe herunterkam. War so, als ob ich in eine Schwarzweißfilmszene geraten wäre. Bitte nicht!

Egon Schieles Gemälde mit zermarterten Körpern in diesem Ambiente zu sehen ist nahezu grotesk. Positiv überrascht war ich von seinen Landschaftsgemälden, die ich bisher nicht kannte. Die »Adele« von Klimt ist wirklich so wunderbar wie erhofft. Wegen dieses Gemäldes war ich – wie wahrscheinlich die meisten Besucher*innen – gekommen und wurde nicht enttäuscht. Es glänzt viel weniger als die zahlreich kursierenden Drucke, das Dekorative tritt hinter die naturalistische Darstellung von Körperlichkeit zurück.

Die Sonderausstellung im zweiten Stock zeigte Selbstporträts von Künstlern und ein paar wenigen Künstlerinnen – Käthe Kollwitz und Paula Modersohn-Becker waren mit jeweils zwei Werken vertreten. Außer ihren Bildnissen gefielen mir noch das Aquarell von Paul Klee und das Gemälde von Ernst Ludwig Kirchner.

Mit vielen der in der Neuen Galerie gezeigten Künstlern bin ich sozusagen »aufgewachsen«. Es ist ganz seltsam für mich, an diese reine Männer(kunst)welt zurückerinnert zu werden, an mich als Kunstleistungskursteilnehmerin und Kunstgeschichtsstudentin (abgebrochen ;-)), die Frauenporträts gegenübersteht, die entweder reiche Damen der Gesellschaft oder mehr oder weniger nackte Frauen des Nachtlebens zeigen. Damals gab es genau drei Künstlerinnen, die im Gespräch waren: Frida Kahlo und Camille Claudel – weil gerade Biografien über sie erschienen – und Niki de Saint Phalle, weil ihre bunten »Nanas« dabei waren, den öffentlichen Raum zu erobern. Mittlerweile sind etliche Lücken geschlossen, und es kommt so viel Kunst von

Frauen (wieder) zum Vorschein, wie ich es mir damals nicht einmal hätte träumen lassen. Das Schönste daran: Da sind sie auf einmal alle, die Gemälde, die Frauen und ihre Kinder zeigen, Szenen aus ihrem Alltag und Berufsleben darstellen, den Freundinnen, Müttern, anderen Künstlerinnen und Weggefährtinnen ein Denkmal setzen.

Umso »antiquierter« erscheint die Neue Galerie, denn in New York ist der Puls der Zeit in Sachen Kunst schon längst ein anderer. Ach, und weil ich schon mal am Lästern bin: Die einzigen beiden schwarzen Mitarbeiter machen natürlich was? Genau: Tür- und Sicherheitsdienst. Das ist schon sehr 5th Avenue, aber ohne den demokratischen Touch, den die anderen Kulturinstitutionen hier pflegen.

Tag 57

Bei Nick läuft in der Arbeit alles sehr gut, hat er mir erzählt. Viele nette junge Leute auf dem Hof und toller fachlicher Austausch mit einem jungen Winzer aus Österreich. Das stärkt ihm hoffentlich den Rücken für schwierigere Angelegenheiten.

Ich habe neulich mit Heidi für ihr Label „Heidi Taschen" ein neues Handtaschendesign ausgeklügelt und heute das erste Exemplar davon bekommen – freue mich schon darauf, sie mit hinauszunehmen. Muss nur noch der blöde Regen verschwinden …

Tag 56

... ich frage mich, wie oft ich noch drauf reinfalle und nicht merke, wenn die nächste Kopfschmerzattacke anrollt. Hätte ich mir gestern schon denken können, stattdessen heute Morgen aufgewacht und ordentlich gelitten.

Nachdem ich Paula aber versprochen hatte, mit ihr in den Container Store zu gehen, haben wir das nachmittags trotzdem gemacht. Ich muss mich bei Kopfschmerzen eh bewegen, egal wie wackelig ich auf den Beinen bin, und Ablenkung hilft auch, solange sie Augen und Ohren nicht zu sehr belastet.

Der Laden war genau, was wir gerade brauchen. Allerdings mussten wir unsere Beute dann nach Hause schleppen. Da war ich doch sehr dankbar dafür, wie viel Kraft Paula in den Armen hat!

Paula hat, zu Hause angekommen, ihr Zimmer auf den Kopf gestellt und fleißig ausgemistet. Während ich noch in der Dinge-optimieren-und-zu-Ende-bringen-Phase bin. Aber auch ich trenne mich von Sachen – mit dem tröstlichen Gedanken, dass sie bleiben dürfen und in einen von unseren beiden Lieblings-Trödelläden kommen.

Tag 55

Mit meiner Mutter über ihre kommende Ausstellung in Bad Aibling gesprochen und mir ihren Plan zeigen lassen, was wo stehen wird. Es sieht sehr vielversprechend aus. Bin traurig, dass ich die Ausstellung nicht werde besuchen können.

Und die Konfirmation meiner Patentochter verpasse. Hach ja.

Nach dem Skypen sind wir runter ins *Mariellas* zum Brunchen, da summte es sonntäglich. Unser Lieblingsteam rotierte routiniert. Wir saßen mittendrin an der Bar, das macht am meisten Spaß. Unsere Lieblingsspeisen sind wahlweise French Toast oder Steak-Sandwich.

Nachmittags mit Richard in der Brooklyn Historical Society die »Waterfront«-Ausstellung angesehen. Wegen richtig kalter Windböen und Regen schlüpften wir kurz bei der Brooklyn Roasting Company unter, wo man lässig sitzen und sich umsehen kann. Dabei entdeckt, dass dort auch ein kleiner feiner Verlag beheimatet ist: Melville House. Im Durchgang zum Verlag gibt es einen dazugehörigen Buchladen. Leider gerade geschlossen gewesen, sah nämlich gut aus durch die Glasscheibe.

Abends *Incredible 2* gesehen – wie immer im Nitehawk –, hat uns dreien Spaß gemacht.

Tag 54

Mit Paula beim Augenarzt!

Der Eingang zur Praxis sieht aus wie der zu einem Blumen- oder Pralinen-Lädchen. Im Schaufenster sind Frauenköpfe aus Styropor zu bewundern, auf denen bunte Häubchen sitzen, die sich beim genaueren Hinsehen als Muffinförmchen entpuppen. Die Köpfe sind wiederum von Plastikblumen flankiert – vielleicht ein Tribut an die Easter Parade? Drinnen sieht es aus, wie ich mir ein Brillengeschäft in den Fünfzigerjahren vorstelle. Der Empfang mit den zwei Arzthelferinnen/Verkäuferinnen irritiert etwas. Die beiden Damen übernehmen wechselnde Aufgaben, je nachdem ob man einen Termin braucht oder eine Brille aussuchen möchte. Außerdem gehören zu dem Ensemble ein grantiger Optiker und ein freundlicher, aber antiquiert wirkender Arzt.

Zum Aus-der-Zeit-gefallen-Sein trägt auch das ganze Viertel bei. Es war Schauplatz des Films *Smoke*, und seitdem der Film gedreht wurde, scheint sich kaum etwas verändert zu haben. Außer dass Schießereien auf der Straße nicht mehr zum Alltag gehören. Arzt und Optiker würden ohne Probleme als englische Gentlemen durchgehen und sind auch so gekleidet. Was hat sie hierher verschlagen und wie schaffen sie es, jeden Tag ihrem eigenen Standard gerecht zu werden, inmitten von Jogginghosenkultur und grassierender Armut? Noble Menschen haben hier die Ausstrahlung von Heiligen. Man vertraut ihnen blind.

Paulas Augen sind gesund, die Werte gemessen und die Brille schon mal bezahlt – Gestell ist von der Krankenversicherung abgedeckt –, aber sie fühlt sich so unsicher wegen der pupillenerweiternden Tropfen, dass wir mit dem Uber heimfahren.

Abends sehen wir uns eine Folge aus der Dokuserie über *Street Food* an, mit einer thailändischen Köchin aus Bangkok im Fokus. Dank ihrer Beharrlichkeit, ihres Talents und einer glücklichen Fügung wurde sie ein Star ihrer Zunft.

Tag 53

Nachdem ich endlich herausgefunden habe, dass unsere Krankenversicherung die aus Deutschland gewohnten Vorsorgeuntersuchungen auch abdeckt, sogar häufiger als bei uns, ist heute der Termin bei der Frauenärztin zur Krebsvorsorge dran. Prinzipiell ist man über den Arbeitgeber und einen von ihm ausgewählten Anbieter versichert. Bei der Wahl des Arztes muss man dann darauf achten, dass dieser zum entsprechenden Verbund gehört. Mit dem Verlust der Arbeit geht auch der Verlust der Krankenversicherung einher.

Es war ein holperiger Start, weil der Bus nicht kam und ich im letzten Moment ein Uber rufen musste, um pünktlich zu sein. Was umso frustrierender war, weil ich eine Stunde brauchte, um endlich in einem Behandlungszimmer weiterwarten zu dürfen. Die Praxis hat zwar einen tollen Wartebereich mit gemütlichen Möbeln und großem Fernseher, aber das konnte mich auch nicht trösten bei meinem Kampf mit einem praxiseigenen Tablet. Damit sollte ich mich in das Patientenportal einloggen und gefühlte hunderttausend Angaben machen. Die Sprechstundenhilfe war zwar geduldig, aber wenig hilfreich, weil sie nicht verstand, warum mir das Probleme bereitete – seufz. Dann kam eine Assistentin in den Behandlungsraum, die noch mal Anamnese machte, nur damit mir kurz darauf die (wenigstens sympathische!) Ärztin alle Fragen erneut stellte, die die Assistentin zuvor in dem Computer vor ihrer Nase erfasst hatte. Nach dem ganzen Prozedere war ich so erleichtert, dass ich schon auf der Straße stand, als mir wieder einfiel, dass ich auch noch zur Blutabnahme sollte. Zwei Stunden später hatte ich es dann geschafft und war endgültig auf dem Heimweg. Das war ja nicht das erste Mal, dass wir uns bei einer Praxis neu anmelden mussten, aber so etwas hatte ich noch nie erlebt. Mit vier Leuten kommunizieren und Fragen beantworten, die man teilweise nicht versteht, weil man das System nicht gut genug kennt und vielleicht auch nicht das eine oder andere Spezialwort – du liebe Zeit!

Den Tag gerettet haben ein Treffen mit Richard, seiner Tante Ellen und deren Freundin Rosemarie am Büro, wohin ich mit Paula fuhr, und das gemeinsame Abendessen am geliebten *Pier A*. Wunderbares Abenddämmerungslicht und magisches Lichterfunkeln.

Tag 52

Kalligrafie und Handletteringkurs, wieder im Brooklyn-Brainery-Lädchen hier in Park Slope (8th Avenue). Angelockt hatte mich die Ankündigung, dass wir eine Kreidetafel gestalten würden, denn ich sehe hier tagtäglich wunderbare Beispiele dafür vor Cafés und kleinen Läden stehen. Außerdem fällt mir auf, dass Kalligrafie – insbesondere der »blumige Stil« – offenbar auch für Karten und Deko sehr beliebt ist. Die Kursleiterin hat daraus ein erfolgreiches *business* entwickelt, und ich bin neugierig auf die handwerkliche Seite daran.

Tatsächlich legte Danielle gleich eine filmreife Ankunft hin – mit dem Taxi vorfahren, sich daraus im bunten Streifenkleid und mit ägyptischen Sandaletten hervorschälen und, eine große Tasche voll gesponserten Materials schulternd, in den Kursraum poltern. Die Schokolade einer befreundeten Unternehmerin gab es in allen erdenklichen Sorten für die etwas überraschten Kursteilnehmerinnen – Danielle pries sie an wie eine Bauchladen-Händlerin ihre Ware. Sie war viel zu spät und ziemlich durch den Wind, aber nachdem sie dreimal »hi« gesagt und die Contenance wiedergefunden hatte, ging es in vollem Tempo los, und die Erklärungen flogen mir nur so um die Ohren. Zunächst sollten wir mit einer eigenen Schrift experimentieren, dann ein Motto festlegen (nicht länger als fünf Worte) und abschließend einen kleinen Kompositions-Sketch machen.

Dann ging es ran ans Material: keine echten Kreiden (die könnten ja schmutzig machen ;-)), sondern Stifte, die Kreidetextur imitieren, und beschichtete magnetische Tafeln (mit Goldrahmen, hüstel). Die Farben sind quietschebunt, aber mit Hellblau, Weiß und Orange kam ich gut klar. Nun der große Moment: sich trauen, auf der Tafel zu arbeiten. Ich beschloss, ohne Vorzeichnung in einem konzentrierten Akt gleich die Endversion zu machen. Ich musste zwar für jedes Wort innerlich neu Anlauf nehmen, aber so wie es auf die Tafel floss, konnte es bleiben: »Saying goodbye to Brooklyn«.

Nach ein bisschen Small Talk, Gruppenfoto-Spaß und netten Abschiedsworten machte ich mich auf den Heimweg – auf dem mir Richard entgegenkam und sich von meiner guten Laune gleich anstecken ließ.

Tag 51

O je – Halbzeit!

Passenderweise findet heute Abend wieder die *Student-Led Conference* statt. Bin gespannt, was Paula vorbereitet hat. Ich lese wie wild und recherchiere, so viel ich kann – alles Dinge, für die in Deutschland keine Zeit mehr sein wird. Vier Bücher angefangen. Nun muss ich mich endlich für eines entscheiden und es richtig lesen, war irgendwie zu unruhig dazu bisher. Mit Ellen und Rosemarie sind wir abends noch in der *June Bar* verabredet, hoffe, es wird nett.

Der Elternabend war sehr eindrücklich, weil so deutlich wurde, welche Entwicklung Paula gemacht hat. Wie souverän sie nun dasitzen und reden konnte. Wie verschiedene Sichtweisen und Tiefe in alles kamen. Ihr *Crew Leader* William und auch der Englischlehrer, dem wir auf dem Gang begegneten, waren sichtlich angetan und mehr als zufrieden mit ihren Leistungen. Ich bin unfassbar dankbar, dass sie die Kurve gekriegt hat – wie William anmerkte: Er sei sehr erleichtert, dass sie trotz durchaus auch anderer Einflüsse Kurs gehalten habe. Fein.

Der Abend in der Bar war leider etwas anstrengend, aus unterschiedlichen Gründen, aber wir ergatterten die letzte Flasche 2Naturkinder-Wein, die sie noch hatten – eine Black Betty –, und die schmeckte!

Tag 50

Bei den Büchern habe ich mich jetzt für *Feast Your Eyes* von Myla Goldberg entschieden – originelle Buchidee und absolut gekonnte schriftstellerische Umsetzung. Eine fiktive Fotografin wird posthum von ihrer Tochter und von Zeitzeuginnen beschrieben, dazwischen gestreut Tagebuchnotizen und Briefe von ihr selbst, und das Ganze in Form von Bildbeschreibungen in einem Ausstellungskatalog. Das Biografische ist nur die zweite Ebene, die erste sind die Fotos, die, ohne dass sie abgebildet werden, vor dem inneren Auge der Leserin entstehen (müssen), und das funktioniert tatsächlich! Erstaunlich gut sogar. Da bleibe ich jetzt gerne dran ... und werde es sicher noch einmal erwähnen.

War heute mit Paula beim Century21, um schöne Alltagsklamotten zu kaufen, was auch gelang.

Überraschung zu Hause: Anruf vom Brillenladen, Paulas Brille sei gekommen und fertig zum Abholen. So sprang Paula mit einem Satz auf, eilte dorthin und kam in Rekordzeit mit der sehnlichst erwarteten Brille zurück. Auch wenn es sich für sie noch gewöhnungsbedürftig anfühlt: Sie war begeistert, wie gut sie die Blätter an den Bäumen sehen konnte.

Tag 49

Die blöde Pubertät schlug zu – nicht, dass noch jemand denkt, wir wären verschont davon. Eigentlich sollte es ein entspannter Ausflug in den Prospect Park werden, mit Paula auf Inlinern. Es wurde dann eher ein Spießrutenlauf ... gleichzeitig lächerliche und nervenzerfetzende

Diskussionen, wie bei Ehekrach auch. Alle Beteiligten wissen, wie sinnlos zerstörerisch es ist, können sich trotzdem nicht beherrschen, und dann kostet es wieder viel Mühe, sich gegenseitig aus diesem Zustand herauszuhelfen. Und manchmal bleiben auch blöde kleine Reste davon an einem kleben und machen es später noch einmal schwer.

Jetzt starten wir zum Brooklyn Bridge Park, um Rosemarie und Ellen zu treffen, die uns hoffentlich auf andere Gedanken bringen.

Tag 48

Paula hat mir eine wunderschöne Muttertagskarte gestaltet.

Der Blauglockenbaum blühte zwar nicht zu meinem Geburtstag, aber jetzt gerade. Ein besonders hübscher Zweig schiebt sich direkt vors Schlafzimmerfenster.

Der Spaziergang in DUMBO gestern war interessant, wir entdeckten noch eine neue Ecke und einen japanischen Antiquitätenladen, bei dessen Besuch mir schnell klar wurde, wie wenig ich über japanische Kultur weiß. Ellen schenkte mir ein Windglöckchen, und ich lese gerade über dessen Einsatz und Bedeutung nach – dabei bin ich auf Naturgottheiten und verschiedene Arten von Tempeln gestoßen.

Die Schilder aus Holz, von denen ich im Laden dachte, dass sie vielleicht Böses vom Haus fernhalten sollen – also eine Art Haussegen darstellen –, sind Wunschschilder, sehe ich eben.

Am meisten beeindruckt hat mich ein sehr kunstvoll ge-
schnitztes Holzmodel – auf der Vorderseite zwei Enten, auf
der Rückseite eine Schildkröte, ganz zarte Formen. Das
Schildchen dazu erklärte zwar die symbolische Bedeutung
der Tiere und dass man es zum Drucken benutzen oder einfach als Kunstgegenstand betrachten kann, aber nicht die
Drucktechnik. Nachdem es Hohlformen sind, ist das Mo-
del wohl eher nicht für Stoff- oder Papierdruck gedacht.

Wir beschlossen den Tag in unserem Viertel und gingen
in das vietnamesische Restaurant an der Subwaystation
9th Street. Das *Ha Noi* ist mittlerweile mein Lieblingslokal,
wenn man zu mehreren isst und wenn es etwas anderes als
italienisches Essen sein soll. Es schmeckte dort bisher immer allen sehr gut.

Auf dem kurzen Heimweg danach lag alles so schön in der
Sonne – die frisch grünen Bäume, die verschiedenfarbigen
Blüten und Häuser –, dass sich dieses ganz spezielle Gefühl von Dankbarkeit fürs eigene Zuhause einstellte, das
man manchmal hat, wenn man von irgendwoher zurück-
kommt und sich beim Anblick der heimatlichen Umgebung
fragt, warum man überhaupt jemals weggegangen ist, und
gleichzeitig schmunzelt, weil die Antwort ja offenkundig
ist: genau dafür!

Tag 47

Es war so nett mit Annick, Emilia, Mischa und Theresa! Ich
habe sie echt vermisst. Wir brachten uns jeweils wieder
auf den aktuellen Stand und verabredeten uns für ein Wie-

dersehen in Hamburg. Leider hatte es nicht nur den ganzen Tag geregnet, sondern echt abgekühlt – wir froren alle richtig, denn beim *Dinosaurs* stand auch noch eine Tür zum Lüften offen, die offen bleiben musste. Das war ein bisschen Pech, und wir saßen zusammengekauert in unseren Jacken. Essen war aber klasse, wie immer, ich mag besonders den Harlem Potato Salad.

Als wir nach Hause kamen, empfing uns auch noch eine kalte Wohnung, da gab es eine Runde Wärmflaschen von mir und ein Rezept für heiße Dusche ;-). Unter der ich am liebsten gar nicht mehr hervorgekommen wäre.

Unser Erlebtes in diesem Jahr spulte sich im Zeitraffer in meinen Gedanken ab. Die ganze Zeit in New York erschien mir als bunt bebilderte *Transition*.

Ach, Lissy ...

Später eine Folge der Filmreihe *Parts Unknown* von/mit Anthony Bourdain angesehen, über die Philippinen beziehungsweise Manila. Krass. Viele neue Infos, super spannend, berührend und schockierend. Toll geschnitten – unsere Expertin Paula war auch voll des Lobes.

Tag 46

Heute Morgen aus Anlass ihres Geburtstags mit Margit geskypt. Danach fröhlich meinen Ausflug zur Frick Collection gestartet. Von der 63ten die Park Avenue bis zur 70sten hinaufgelaufen – die Sonne ist zurück! In der Frick Villa, die sich leicht finden ließ, ist alles gut organisiert und die Angestellten helfen gern. Es ist wirklich wie Privatgemächer betreten oder ein kleines Schlösschen: mit plätscherndem Brunnen, Steinbänken, Bogengängen und schwerem Teppichboden.

Dann fällt der Blick auf die Meisterwerke, und man kann es kaum fassen, in so einer intimen Atmosphäre tatsächlich davor zu stehen. Drei der ganz berühmten Vermeer-Gemälde, ein Alters-Selbstporträt von Rembrandt, Renoir, Ingres, mehrere Bilder von Holbein. Dazu eine Sonderausstellung mit Renaissanceporträts von Moroni, die auffallend schön präsentiert sind. Man hört, dass ich begeistert bin, oder?

Interessante Frauenporträts bei Moroni – teilweise stellen sie zeitgenössische »Schreibende Frauen« dar –, alle eint ein entschlossener Gesichtsausdruck. Keine Spur von Lächeln oder Gefallenwollen. Mit diesem Ausdruck würden wir sie heute ohne Zögern für Herrscherinnen halten.

Im Beschreibungstext zum Ganzkörperporträt einer Dame in der Ausstellung heißt es, dass so zu dieser Zeit eigentlich nur hochrangige Männer in Europa dargestellt worden seien. »Curious«, sagt ein Besucher neben mir zu seinem Begleiter. Ja. Entweder fehlte da bisher ein Teil der Geschichte, oder es war tatsächlich eine Ausnahme – dann wäre es umso interessanter, mehr über diese Frau zu erfahren. Mal sehen, was der Katalog hergibt …

Tag 45

Mira vom *Mariellas* getroffen, die mir erzählte, dass sie nächste Woche Prüfungen hat, anscheinend lernt sie Programmieren. Das erklärt ihren etwas zerzausten Zustand die Tage, hatte mich schon ein wenig gewundert. Ihre junge Kollegin, die zusätzlich noch babysittet (zwei hübsche Geschwisterkinder), studiert Architektur. Sie hatte mit allen Freundinnen und Freunden zusammen in ihrer Heimat Georgien an der Green-Card-Lotterie teilgenommen und als Einzige gewonnen. Da musste sie wohl gehen, meinte sie schmunzelnd und schulterzuckend. Und der junge Mann, der die Bar so souverän schmeißt, macht eine Ausbildung zum Life Coach. Er ist sehr ernsthaft, das sprichwörtliche »stille Wasser«. Die Schauspielerin, die Nick an Neujahr noch kennenlernte, arbeitet wohl nicht mehr dort. Ich erfahre, dass sie ein kleines Engagement erhalten hat. »Unser« *Mariellas*-Team ist schon speziell, speziell besonders nett!

Tag 44

Richard und ich werden später zum Gowanus Souvenir Shop fahren, den eine Deutsche betreibt, mit der sich vor einiger Zeit mal spontan ein nettes Gespräch ergab. Es hat sie als Erwachsene zurück nach Brooklyn gezogen, nachdem sie als Jugendliche für ein paar Jahre mit ihren Eltern hier gelebt hatte. Bemerkenswerterweise sehr zum Missfallen ihrer Eltern, die gar nicht verstehen können, was sie an den Staaten so verlockend findet.

Ich habe uns eine Führung durch die Neighborhood Gowanus gebucht, natürlich von einem Autor, der das passende Buch dazu geschrieben hat. Ich hoffe, das Wetter hält, und er erzählt nicht nur Gruselgeschichten über Leichen im Kanal ...

... unser Guide Janis ist ein quirliger jüngerer Mann aus Griechenland, den es nach Gowanus verschlug, und weil er Journalist ist und historisch interessiert, ging er der Sache mit dem Kanal auf den Grund.

Wir starteten an der Brücke, wo wir im Winter mit Leon und Nick Fotos machten, und hielten: bei einem Blauglockenbaum! Zuvor war Richard schon mit einer anderen deutschen Teilnehmerin der Führung ins Gespräch gekommen, die ihn fragte, ob er wisse, was das für Bäume seien, und ich antwortete ihr. Wir hatten bisher tatsächlich außer »unserem« noch keine weiteren Blauglockenbäume bemerkt, aber hier in Gowanus stehen sie fast an jeder Ecke. Die Erklärung für ihre Verbreitung im Industrieviertel ist so simpel wie originell: Die Samenkapseln wurden zum Abfedern und Auffüllen von Gütertransportkisten benutzt. Vorläufer unserer Styroporkugeln also. Beim Entladen und Auspacken flogen die Kapseln in der Gegend herum, und die Samen wurden ausgesät.

An dem Baum auf der Brücke war netterweise ein handgeschriebenes Schild angebracht, das erklärte, dass das Holz des Blauglockenbaums als das »Aluminium« unter den Hölzern gilt (es ist das leichteste Hartholz überhaupt) und unter anderem Skateboards und Surfbretter daraus hergestellt werden. Die Bäume wachsen unheimlich schnell sehr hoch, sind genügsam und obendrein wetterfest. Unerwähnt blieb, was ich jetzt gerne noch anfügen möchte: Die Blüten duften aromatisch nach Vanille, und das kommt unserer Straße gerade sehr zugute. In den USA und in Europa gilt der Baum als »invasive Art«, weil er ursprünglich aus Asien stammt. In Europa haben Adelige ihn sich aber extra bringen und kultivieren lassen.

Ja, und dann standen wir auch am Kanal selbst – es stank erbärmlich – und sahen auf diese toxische Brühe hinunter, in die man besser nicht fallen sollte, wenn einem das Leben lieb ist. Noch heute schwimmen Fäkalien darin, die direkt aus den Abwasserkanälen kommen. Ungeheuerlich – eigentlich. Wird aber mit dem üblichen Fatalismus hingenommen. Direkt gegenüber entstehen Luxus-Appartement-Gebäude …

Der ursprüngliche Konstrukteur des Kanals hatte eine viel aufwendigere und sauberere Lösung geplant, die den politischen Entscheidungsträgern aber zu teuer war. Man beschloss, dass das Klären der Ozean übernehmen könne.

Brooklyn wuchs und wuchs, die Abwassermengen nahmen ständig zu, aber niemand wollte sich des Problems grundlegend annehmen. Mittlerweile ist das giftige Sediment zu einer solchen Höhe angewachsen, dass Abtragen angeblich keine Option mehr ist, sondern der Kanal zugeschüttet und abgedeckt werden müsste. So eine Kloake mitten in New York ist vollkommen absurd – vor allem auch wegen der extremen Hitze im Sommer und der Mücken, denke ich. Mir brannten jedenfalls noch den ganzen Abend die Nasenschleimhäute.

Die Künstler*innen und anderen jungen Leute im Viertel verspotten das Pulverfass, auf dem sie sitzen, und nennen eine Kneipe ironisch *Lavender Lake*. Auch die Betreiberin des Gowanus Souvenir Shop hatte uns erzählt, dass die Idee zu dem Laden als Kunstprojekt entstanden und mehr ein Gag gewesen sei – wer würde schon Souvenirs aus so einer Gegend mitnehmen wollen. Mittlerweile verkauft sie ganz erfolgreich Druckgrafik und vieles andere, das vor Ort produziert wird.

Was den Kanal betrifft: Das Problem, das zum Himmel stinkt, ließe sich mit heutigen Mitteln sicher lösen. Wenn man bereit wäre, das nötige Geld dafür in die Hand zu nehmen. Aber NY ist so ein Hype, dass es wohl keinen Handlungsdruck gibt und selbst ein hochgiftiger Kanal stillschweigend mit integriert wird.

Es gäbe noch viel mehr zu schreiben, der Guide war wirklich gut. So sahen wir auch noch bei einem berühmt-berüchtigten ehemaligen Mafialokal vorbei, aber dann löste sich die Gesellschaft an der 3rd Avenue auf. Nicht ohne ein letztes Rätsel des Alltags zu lüften, nämlich was da für ein überaus seltsames Villahäuschen neben dem heutigen Whole Foods Market steht. Die Antwort von Janis: Es ist ein »Musterhaus« und sollte zu seiner Zeit zeigen, was man alles aus Beton bauen kann.

Nachdenklicher Heimweg zu Fuß mit lila Himmel und weicher Sommerabendluft.

Tag 43

In the end, a blackbird was sitting on my rooftop, singing …

Sechs Minuten, bis die Bahn kommt – bin mit Richard und Thorsten zum Lunch verabredet. Werde nebenbei konspirativ den Sicherheitsschlüssel übergeben, den Richards australischer Gast vergaß abzugeben. Er kam deswegen vorhin in Park Slope bei uns vorbei.

Das Wetter sah so vielversprechend aus, aber nun zieht es sich schon wieder gewittrig zusammen, und ich nehme das Ibuprofen mittlerweile auch wie Traubenzucker – das hatte Max von seinen Landsleuten behauptet, und die Hunderterpackungen, die man hier kaufen kann, sprechen ja dafür.

Paula hatte einen tollen Nachmittag bei Madame Tussauds mit ihrer Freundin Abigail. Sie waren obendrein Döner essen (dafür gibt es kaum Gelegenheiten hier, deshalb gehört es zu den Dingen, die man aus Deutschland vermisst ;-)). Abigail übernachtet heute bei uns – auch etwas ganz

Seltenes, weil hier nicht so üblich. Das ist schon ein großer Vertrauensbeweis ihrer Mutter.

Richard und ich setzten uns nachts noch raus aufs Bänkchen vor dem *Muse* und bewunderten gemeinsam den Vollmond am Ende unserer Straße.

Tag 42

Nun hat uns nicht das Wetter, sondern die längste Schlange, die wir am Fähranleger je gesehen haben, von einem Ausflug nach Governors Island abgebracht. Es sind Exilchinesen, die auf der Insel eine politisch motivierte Performance machen wollen, indem sie sich so aufstellen, dass es aus der Luft von oben betrachtet Schriftzeichen ergibt. Anscheinend hat es dieses Event letztes Jahr auch schon gegeben, aber wir haben nichts davon mitbekommen. Na, ich war vielleicht enttäuscht. Wieder keine Lieblingsinsel, schnüff.

Spontan beschlossen wir, mit einem der NY-Ferry-Boote nach Williamsburg ans Wasser zu fahren, vor allem weil heute auch »Smorgasburg« ist, also sich viele Stände mit Fingerfood aus aller Welt auf einem großen Platz versammeln. Die Bezeichnung ist übrigens eine Wortneuschöpfung aus »Smörgåsbord« (schwedisches Büffet) und dem Namen der Neighborhood, die diese neue Tradition in NY begründete, eben Williamsburg.

Hach, und als uns dann der Wind um den Kopf wehte und wir auf dem sonnigen Deck saßen und flott den East River hinunterführen, da war die gute Laune zurück und die

Neugierde geweckt. In Williamsburg waren wir ja immer nur auf Stippvisite, die Waterfront kennen wir noch gar nicht. Viele komplett neue Hochhaus-Wohnanlagen, aber auch ein kleiner Sandstrand und wildes Gebüsch begrüßten uns nach dem Anlegen.

Der Fressmarkt war noch recht leer, wir konnten gemütlich durchlaufen und die Speisen begutachten. Es roch fantastisch, und ich fand alles sehr verlockend. Ich war überrascht, weil ich es mir gar nicht so gut vorgestellt hatte und ich ja leider auch nicht wirklich experimentierfreudig bin in Essensdingen, aber hier hatte ich keine Chance, Widerstand aufzubauen: Es hat mich einfach mitgerissen. Schon einmal mit einem großen Becher Fruchtsaft versorgt, warfen wir zunächst Blicke auf Strand und Meer, dann holte uns Richard unser favorisiertes Essen: kleine, leicht panierte Fischchen aus der Tüte, die dufteten wie in Italien (mein größtes Kompliment!) für ihn und abruzzische Fleischspießchen mit geröstetem Weißbrot für mich. Dazu auf warmen Felsbrocken sitzen und Füße baumeln lassen. Klingt nach Ferien, stimmt's?

Der Generator der Hochhäuser war allerdings so laut, dass ich das Wellenklatschen und die Motorboote erst hören konnte, als er endlich ausging. Wie immer schien das niemanden zu stören, Lärm wird hier komplett ausgeblendet.

Wir schlenderten noch gemütlich durchs Viertel, fanden zwar kein richtiges Café, aber eine polnische Bäckerei, begegneten vielen gut gelaunten jungen Menschen, fingen skandinavisches Flair ein und bewunderten die aufwendig gestalteten Lokale, bevor es mit der G-Train wieder nach Hause ging.

Später bei uns im Viertel noch einen Abstecher ins *Café Regular* gemacht, da war ich mit Heidi schon so nett beisammengesessen. Winziges stilvolles Café, das Heidi entdeckte, als sie bei uns »Urlaub in der Stadt« machte, während wir für die Sommerferien in Deutschland waren. Es gibt drinnen eine rote schmale Lederbank an der Wand entlang und draußen ein paar türkisfarbige Stühle und Tischchen. Die Straße blieb erstaunlich ruhig, während wir da waren. Bäume und Häuschen angucken, Kaffee schlürfen, einem vorbeikommenden Hund zugucken, ab und zu ein paar Worte wechseln – das wird eine schöne Erinnerung sein, wenn ich aus der Zukunft zurückblicke.

Tag 41

Richard ist am Flughafen in Newark – er fliegt mit Norwegian Airlines nach Barcelona zum International Meeting. Paula versucht, schon zu schlafen, und ich werde auch nicht mehr lange aufbleiben.

Heute waren wir mit Paula bei dem anderen »Smorgasburg«, diesmal im Prospect Park. Die Oldies zu Fuß, Paula mit Inlinern. Sie entschied sich für Sandwiches von den Abruzzen-Leuten, ich diesmal für verschiedene Dumplings. Dazu gab es für Richard ein Bier und für Paula und mich Mango Lassi.

Zwei Kartons mit buntem Kruschtelkram von Paula kamen heute auf die Straße und leerten sich rasant. Eine Ladung Klamotten brachte Paula zum Vintage-Laden. So ist der Flur wieder frei, und nun sind Richard und ich an der Reihe …

Tag 40

Einer der Jungs von oben zieht heute aus. Wenn ich Glück habe, ist es der mit dem Zimmer über unserem Schlafzimmer, dann hätte ich jetzt noch ein paar ruhigere Nächte. Er war nicht extra laut, kam aber spät heim und stand früh auf, und man hört wirklich alles. Ich habe sogar gehört, wenn er sich im Bett umgedreht hat. Richard schläft deutlich besser und merkt so etwas nicht. Also nichts gegen unsere Nachbarn, aber die Akustik hier ist der helle Wahnsinn.

Heute fast dreißig Grad und absolut schwül. Spätnach-mittags konnte ich meine Brille abholen und kam dort voll-kommen verschwitzt an, obwohl der Weg nicht weit und teilweise schattig ist. Sehr gespannt nahm ich meine neue Lesebrille an. Es wird noch dauern, bis ich mich an sie ge-wöhnt habe, aber vorhin las ich schon mal ausgiebig da-mit. Wird fein, wenn ich wieder Seiten fressen kann und Bücher nicht einfach schon wegen ihres schieren Umfangs meiden muss.

Tag 39

Das erste Mal Tagebuchschreiben mit der neuen Brille. Die Buchstaben kommen mir entgegengeflogen. Den Stil der Brille mag ich auch sehr. Macht mir gute Laune, wenn ich sie in die Hand nehme. Paula meint, ich sehe original wie eine Eule aus damit. Dazu fällt mir mein Lieblingsbuchtitel ein: *Grasshopper and the Unwise Owl*.

Ich war schon wieder beim Artist Supply. Produziere jede Menge Druckgrafik mit Stempeln, Hineinzeichnen, einem Mix aus Farbfeldern und einzelnen Elementen. Da lassen sich feine Lesezeichen, Tagebücher, Briefpapier und alles Mögliche herstellen. Und das mache ich immer, wenn ich nicht schreibe oder unterwegs bin.

Tag 38

Paula und ich hatten uns heute zum Mittagessen verabre-det und futterten uns beim *Little Purity* satt. Neben uns saß ein Paar mit drei Kindern, und die junge Mutter hatte noch ein Baby auf dem Arm – wow, vier Kinder in NY großziehen, kaum vorstellbar.

Paula hat morgen einen aufregenden Tag: Klassenausflug, aber von ihr geplant! Es soll eine »Climate Change«-Aktion in der Neighborhood Red Hook werden, einem Stadtteil, der bereits jetzt vom Hochwasser bedroht ist. Die Schüler*innen werden in wechselnden Gruppen zum einen Passanten informieren und befragen, zum anderen das Quartier aufräumen, sprich Müll sammeln.

Paula hat das Projekt mit Makayla zusammen entworfen, dann bei einer Lehrerkonferenz präsentiert und es ihren Mitschüler*innen vorgestellt. Und nun ist ausgerechnet für morgen schlechtes Wetter angesagt. Ich mache mir ein wenig Sorgen, ob sich genug Leute auf der Straße finden, die mitmachen, und ob die Lehrer*innen die Rahmenbedingungen abgeklärt haben.

Morgen Nacht kommt dann auch Richard heim.

Tag 37

Paula hatte leider heute früh schon mehr Stress als erhofft, obwohl sie so gut vorbereitet war – aber die verantwortliche Lehrerin anscheinend nicht. Also feste Daumen drücken, dass sie Nerven bewahrt.

Ich habe *Feast Your Eyes* zu Ende gelesen, das geht echt tief. Eigentlich ist es weniger eine fiktive Fotografinnen-Biografie als eine Mutter-Tochter-Geschichte mit der besonderen Komponente, dass die Mutter eine kompromisslose Künstlerin ist. Ihre Mutterschmerzen aber sind universell. Selbst wenn man fast das ganze Buch über die Sicht der Tochter geschildert bekommt und ihr über weite Passagen näher ist als der Mutter – ich habe eben die Mutterrolle als meine und bin dementsprechend untröstlich über das Ende des Buches. Das hätte ich als Autorin nicht fertiggebracht.

Tag 36

Metrofahrt zum Büro – schaukelt ziemlich ... Paula will heute zu Fridays for Future gehen, ich bin mit Richard für Governors Island verabredet, weil er nur den halben Tag arbeiten muss, am Montag ist Memorial Day. Vor manchen Feiertagen wird nur der halbe Tag gearbeitet, weil die Familienmitglieder fahren und fliegen müssen, um zusammenzukommen beziehungsweise die Feierlichkeit vorzubereiten.

Mittlerweile sitzen wir zu dritt an unserem neuen Lieblingsplatz mit Blick auf Fähre und Manhattan, essen Tacos und sehen den segelnden Möwen zu. Paula kam auf die Insel nach und hatte einen dicken Packen Plakate unter dem Arm. Die Plakate haben sie in der Crew-Stunde (vergleichbar mit der Klassenlehrerstunde in Deutschland) gestaltet. Paula führte sie uns alle stolz vor. Was sie von der Demo berichtete, klang spannend. Sie war zwar sehr kritisch, was die Organisation und einige Mitdemonstrant*innen anging, aber auf dem Time Square liegen (oder sitzen wie Paula) ist schon spektakulär. Inklusive Fotogewitter.

Richard und ich lagen vorhin auf der Insel in einer der Hängematten, die der Entspannung dienen sollen. Aber ach, es ist weiterhin zu laut überall, heute hauptsächlich wegen der Hubschrauber und Düsenjets in großer Zahl. Ich grüble über meine Optionen für die Zukunft nach und wie ich meinen beruflichen Neustart in Deutschland wohl organisieren soll.

Tag 35

Noch genau einen Monat, bis der Container beladen wird! Hui. Kann es gleichzeitig nicht fassen und finde es vollkommen in Ordnung so. Wundere mich über meine weitgehende Gelassenheit. Gerade lautet die Devise: jede geschenkte Ruhepause nutzen und Kraft tanken. Die Herausforderungen stehen schon vor der Tür.

Tag 34

Ausflugtag! Zum Central Park gefahren und als Erstes den Zoo angesteuert. Der macht um zehn Uhr auf, aber schon vorher bildeten sich lange Schlangen. Klar: Sonntag, mitten in Manhattan und dann noch das Memorial-Wochenende ... Online buchen hilft in dem Fall nichts, weil man da nur das All-inclusive-Ticket kaufen kann. Das unter anderem den Eintritt ins 4-D-Theater beinhaltet.

Während des Wartens erzählte uns Paula, was *4D experience* bedeutet – Lichtblitze in die Augen, rüttelnde und zustechende Sitze und so weiter – sie hatte diese »Erfahrung« bei Madame Tussauds gemacht. Wir sind uns einig: Muss man nicht haben.

Kaum drinnen konnten wir die Pinguinfütterung ansehen, wirkte perfekt choreografiert – sobald einer seinen oder ihren Anteil hatte, machten sie den Platz frei für den nächsten Artgenossen. Einen Querulanten gab es trotzdem, er stellte sich immer wieder an beziehungsweise versuchte, sich dazwischenzudrängeln. Anschließend sahen wir bei den beiden im Schatten ruhenden Grizzlybär-Damen vorbei und hatten Glück, auch den Schneeleoparden sehen zu können. Zum Abschluss besuchten wir die Seelöwenfütterung, die großen Beifall bekam. Die Tiere sind so wendig und verspielt!

Gleich im Durchgang zum Park kauften wir uns Brezen und Wasser an einem Büdchen und sahen einem Puppenspieler zu. Er hatte eine sehr merkwürdige Puppe, schaffte es aber trotzdem, Kinder anzulocken und zum Mitmachen zu bewegen. Nicht immer zur Freude der Eltern.

Weiter ging es zum kleinen See – auf dem seit eh und je Modellboote ihre Kreise drehen – und zum großen See, wo man Ruderboot fahren kann. Wir suchten uns schmale Wege, manchmal direkt am Ufer entlang, zugewachsene und erstaunlich verwunschene Pfade für einen so beliebten Park, überquerten eine schöne alte Holzbrücke und aßen Eis auf einer schattigen Bank. Bei den letzten Hügeln, bevor man den Park endgültig verlässt, stand ein buddhistischer Mönch, dem ich eine Spende machte und dafür gute Wünsche und ein Holzperlenarmband bekam.

Wieder zu Hause ging Paula noch ins YMCA zum Schwimmen und Richard und ich in unser geliebtes *Mariellas*, wo es erstaunlich leer war, dafür konnten wir umso netter sitzen und uns unterhalten. Kaum wieder oben in der Wohnung, begann es zu regnen. Hinterher freute ich mich, wie gut die Luft roch. Abends *Our Planet* angesehen. Die Bilder machen mich sprachlos vor Schönheit.

Tag 33

Sind nach dem Einkaufen im Treppenhaus Chi und James begegnet – vor der Tür stand schon wieder ein Umzugslaster, und es türmten sich die Mülltüten –, es ziehen wohl alle drei aus. Chi mit seiner Freundin zusammen nach Astoria (Queens), James nach Prospect Heights, und von Edward wissen wir es nicht. Wir denken alle dasselbe: Warum ist diese Bruchbude bloß so teuer? Und vor allem: Warum lässt der Landlord ohne Not alles verfallen? Wir wünschen ihnen alles Gute und dass sie besser über die Runden kommen in ihren neuen Wohnvierteln.

Leider stellen wir später in der Wohnung fest, dass kein warmes Wasser mehr kommt, und erfahren nach Anfrage beim Vermieter, dass die Jungs das ruiniert hätten. Wie auch immer ... das gibt morgen eine nette kalte Dusche.

Richard hat vorhin zwei der drei Klimaanlagen installiert, die wir über Winter eingelagert hatten. Kann man jetzt wieder dringend brauchen. Dummerweise will der Vermieter sie nicht übernehmen. Aber klar, dann wäre er ja für die Wartung zuständig.

Am frühen Nachmittag hörten Richard und ich die Hälfte des *Green-Wood Cemetery Memorial Day Concert* an, und das war von den Klängen her eine Zeitreise zurück in die amerikanische Geschichte und vom Anlass her – Ehrung der Veteranen – schwierig, aber auch bemerkenswert. Der *Mariellas*-Wirt konnte nur den Kopf schütteln, als wir ihm erzählten, dass wir ein Freiluftkonzert auf einem Friedhof angehört und die Menschen dazu auf den Hügeln mit den Gräbern gesessen hätten. Nichts für ihn, meinte er.

Nun schlafen schon alle außer mir, und ich habe auch keine Ausdauer mehr, meine Gefühle beim Konzert zu beschreiben. Es ist aber sicher einer der vielen Schlüssel dazu, die Menschen hier zu verstehen. Wer also einmal die Gelegenheit hat, einen Memorial Day mitzufeiern, sollte das ruhig tun.

Tag 32

Unfassbar schlecht und wenig geschlafen und alles Mögliche an nächtlichem Geschehen mitbekommen, an dem mir nichts lag. Zum Beispiel, dass ein Nachbar zwischen zwei und drei Uhr in der Früh in Shorts auf der Straße steht und Noppenfolie platzen lässt – häh? –, und anstelle von Schäfchen gab es Müllautos zu zählen ...

Da ich den Vermieter vormittags im Haus reden hörte, steckte ich mal meinen Kopf zur Tür raus und fragte nach dem warmen Wasser. Er meinte, die Mieter von oben hätten dermaßen derb mit der Spülmaschine hantiert, dass dabei der Hahn abbrach, anscheinend stand das Wasser in der Wohnung. Daraufhin fiel mir ein, dass ich ihm gleich noch den neuen Wasserfleck an der Badezimmerdecke zeigen könnte und die Stelle, wo das Wasser die Wand runterlief. Ihn schien nichts zu wundern. Jedenfalls machte er sich mit einem Mitarbeiter oben zu schaffen, und am frühen Nachmittag gab es dann auch wieder warmes Wasser.

Als ich dem Landlord nebenbei von meiner Beobachtung erzählte, dass in fast jeder Seitenstraße Häuser zu verkaufen seien, meinte er, das liege daran, dass ein Obdachlosen-*Shelter* für zweihundert Personen geplant sei, und was für eine abwegige Idee das sei, so etwas in einem Viertel wie Park Slope zu machen. Muss mal sehen, ob ich etwas dazu recherchieren kann.

Okay, das ist tatsächlich ziemlich nah, Ecke 14te, aber auf der 4th Avenue. Dann ist das mit den Hausverkäufen also kein »Zufall«. Dasselbe wie mit den Flüchtlingsheimen in Deutschland. Immer wird schon vorauseilend reagiert. Laut den Vertretern der Stadt soll es insgesamt neunzig neue Heime geben, und das hier in der Nähe ist für Familien gedacht, insbesondere für Mütter mit kleinen Kindern. Es sind zwei große Gebäude, die sich gerade in Renovierung befinden. Wie einer der Anwohner in der Bürgerversammlung sagte: Nun könne man den Lippenbekenntnissen zu Offenheit und Toleranz und einem prinzipiellen guten Willen eben auch mal Taten folgen lassen und die Menschen tatsächlich willkommen heißen. Ich finde das auch nicht zu viel verlangt – es hat doch keinen Sinn, die Brennpunkte immer weiter zu überlasten. Und ehrlich: Wollen die Anwohner wirklich lieber über (noch mehr) Obdachlose stolpern in ihrem Viertel? Im Herbst soll es wohl so weit sein. Verdammt, Kinder brauchen ein Zuhause. Die Jugendlichen, die mit Paula auf die Schule gehen, sind zum Teil auch aus »solchen Verhältnissen« und haben jede Chance verdient. Das Leben bleibt auch so noch hart genug.

Tag 31

Nur noch dreißig Tage bis zum Abflug! Bin nervös, aber es könnte schlimmer sein, schwelt noch mehr so im Untergrund.

Heute Abend ist Book Launch von *We've Got People* des Journalisten und Autors Ryan Grim im Powerhouse-Buchladen in DUMBO. Werde mich dort mit Richard treffen.

Genau in dem Moment, als ich bei York Street aus der Metro stieg, fing es an zu regnen, und bis ich beim Buchladen ankam, war ich trotz Schirm ordentlich durchweicht. Das war so einer der berüchtigten NYC-Regengüsse, die die Straßen leerfegen und alle irgendwo Unterschlupf suchen lassen. Okay, ich gebe es zu: Beim Über-die-Pfützen-Springen und Unter-den-Schirm-Ducken bin ich auch ein wenig in die Irre gelaufen ... Richard war mittlerweile schon auf anderem Weg eingetroffen. Trotz Verspätung waren wir die ersten Zuhörer*innen, die da waren, und es dauerte mehr als eine halbe Stunde, bis wir so um die fünfundzwanzig Leute waren.

Auch wenn alle nach individuell interessanten Persönlichkeiten aussahen, machte es den Eindruck, als ob es eine unsichtbare Verbindung zwischen ihnen gäbe. Obwohl wir definitiv nicht »dazugehörten«, fühlte ich mich am richtigen Platz. Ryan Grim gab uns einen Abriss der politischen Geschichte der Demokraten – anhand von Kandidaten wie Jesse Jackson bis hin zu der neu gewählten Parlamentarierin Alexandria Ocasio-Cortez (»AOC«) – und brachte uns vor allem die größere Bewegung dahinter nahe. Seine Themen sind die Linke innerhalb der Demokraten und die Frage, wie Menschen sich mobilisieren lassen, ihre eigene Sache in die Hand zu nehmen. Er möchte aufzeigen, dass eine AOC nicht vom Himmel fällt, sondern auch der Erfolg einer dreißigjährigen Bewegung ist.

Es gibt übrigens einen mitreißenden, unglaublich informativen Netflixfilm, in dem mehrere Kandidatinnen in verschiedenen US-Staaten bei ihrem Wahlkampf begleitet werden – unter ihnen AOC. Beim Ansehen kann man etwas von der Unterstützung und dem geballten Wissen älterer Wahlkampfstrateg*innen im Hintergrund erahnen, und ich war überrascht, dass es das in der Form überhaupt gibt. Und wieder einmal konnte ich nur den Kopf schütteln, wie unglaublich aufwendig Wahlkampf in den USA ist. Kein Wunder, dass normalerweise nur »Platzhirsche« gewinnen und dass man ein sehr reiches, mächtiges Netzwerk braucht, um überhaupt starten zu können. Eine Kandidatin hat ihr Haus verkauft, als Startfinanzierung, und den Wahlkampf verloren ...

Umso bewundernswerter, wenn es einmal anders läuft. Es sind ja bekanntermaßen etliche Kandidatinnen mit »Mehrfach-Manko« in den Kongress gewählt worden – daran lässt sich auch ablesen, wie groß die Unzufriedenheit der Wähler*innen mit dem Zustand ihres Lebensumfelds sein muss.

Nach dieser Lesung freue ich mich auf die Lektüre des Buchs, denn es geht darin um Perspektiven, die Rede ist vom Handeln, nicht vom Aufgeben. Ich habe mich richtig »anstecken« lassen, AOC und viele andere sind einfach inspirierend!

Tag 30

Als ich Paula von der Metro abholen ging, sah ich einen Zettel an der Haustüre. Er stammte von einer offiziellen NYer Behörde, beinhaltete einen Anhörungstermin und die Aufforderung, die aufgelisteten Mängel zu beheben – »zum Wohle der Öffentlichkeit«. Nachdem ich nicht alles davon verstand, bin ich damit später runter ins *Mariellas*, und der Chef erklärte mir, es sehe so aus, als hätten sich die Nachbarn beschwert, das komme häufiger vor. Er meinte, es gehe um einen verstopften Gully, der schuld daran ist, dass das Wasser in den Garten und eventuell auch das Erdgeschoss des Hauses schießt.

Also, Paulas und meine »Fantasie-Geschichte« dazu klang spannender. Paula dachte gleich an ihre Klassenkameradin, die umziehen musste, weil die Stadt das Haus komplett »schließen« ließ, da es nicht den vorgeschriebenen Standards entsprach. Mich beschleicht gerade das Gefühl, dass wir hier zum Abschied noch einmal an allen Themen vorbeikommen, die uns umgetrieben haben. Heute fühle ich mich so seltsam, wie das Wetter draußen ist. Bäh.

Tag 29

Beste Wünsche für unsere Rückkehr nach Deutschland von meiner Bekannten Karin per Mail bekommen. Wir hatten sie durch Zufall letzten Sommer bei der Photoville in DUMBO kennengelernt. Übrigens ein tolles Event unter der Brooklyn Bridge, bei dem Fotokunst in Containern gezeigt wird, es gibt Panels unter freiem Himmel und Bewirtung, und das Ganze hat wirklich Festivalcharakter. Karin erinnert mich »mütterlich« an die beiden Löwen vor der NYC Public Library und meint, ich könne jetzt ihre Qualitäten brauchen: »Patience« und »Fortitude«. Dankeschön!

Metrofahrt zur Cortlandt Street – dort treffe ich mich mit Paula und Richard, und wir gehen dann gemeinsam zum One World Trade Center. Ein Geschäftskollege von Richard hat uns eingeladen. Als ich vorhin die 5th Avenue runterlief, murmelte ich innerlich immer wieder: »noch 28 Tage«. Gemeint war ganz spontan und »ungefiltert«: … dann seht ihr mich hier nie wieder! Über meine Abneigung gegen die 5th bin ich nie hinweggekommen. Aber gut, mal sehen, was der gnädige Abstand bewirkt – vielleicht nenne ich sie dann wenigstens spannend.

Gerade stellen Richard, Paula und ich per Handy fest, dass wir im selben Zug sitzen – unabhängig voneinander und aus unterschiedlichen Richtungen kommend!

Das war sehr lustig beim Aussteigen (Richard saß sogar im selben Waggon wie ich) und führte beim Zusammentreffen zu einer spontanen Dreier-Umarmung. Auftakt zu unserem Freitagnachmittagsausflug inklusive Rundblick aus größtmöglicher Höhe, einem (alkoholfreien) Himbeercocktail an der Bar und netter Unterhaltung mit Mike. Hätte ich nicht gedacht, aber nun habe ich mich tatsächlich an die Höhe gewöhnt. Auch nicht schlecht.

Morgen geht es »raus aufs Land«, nach Connecticut.

Tag 28

Zugfahren hat richtig Spaß gemacht, Paula war total begeistert von den Harry-Potter-like Bahnsteigen, und Grand Central macht immer Eindruck. Ich war das letzte Mal dort, als ich mich mit Karin am Uhrenturm traf.

War ganz ungewohnt heute, mit kleinen Rucksäcken ins Wochenende aufzubrechen. Wir fühlten uns so zugehörig. Mittlerweile sitze ich auf der Terrasse vor Sandersons Haus am selbst gebauten Holztisch – vor und hinter mir nur Bäume. Richard, Dean und Gus gucken Fußball, Heidi bäckt mit Paula Cookies und unterhält sich nebenbei mit Gus' Freundin, die auch nicht unbedingt Fußball gucken will.

Nun musste ich eben eine Runde die »Hündin des Hauses« fangen und bin noch außer Puste. Milou hat schon Streicheleinheiten für eine ganze Woche von uns bekommen, und während die anderen Wikingerschach spielten, waren wir zwei mit dem roten Fußball beschäftigt. Sie hatte sich gemerkt, dass ich immer auf der großen Wiese neben dem Haus Fangen und Stöckchenwerfen mit ihr spiele, und das natürlich auch sofort eingefordert – mit Kopf zur Seite legen und sehnsüchtig in die Richtung gucken ... zumindest für mich war das unmissverständlich.

Tag 27

Nach einem langen Spaziergang zu viert – plus Milou natürlich – spielten wir in wechselnder Besetzung Wikingerschach. Manchmal ist es echt vertrackt, und man bewirkt eine ganze Runde rein gar nichts, manchmal trifft man gleich mehrmals hintereinander.

Während des Spaziergangs sprachen Heidi und ich über Familie, den Tod ihrer Eltern und darüber, wie seltsam das ist, wenn man plötzlich selbst an die oberste Stelle in der Familienpyramide rückt. Das Verstörende daran ist das Bewusstsein, zugleich auf der letzten Position zu stehen.

Die meiste Zeit unterhielten wir uns aber – in stillschweigender Übereinkunft – über allgemeine Dinge, um unser Abschiedstreffen nicht noch mehr zu belasten, als es das eh schon war.

Gemeinsamer Höhepunkt des Sonntags war das aus vielen verschiedenen Schalen und Schüsseln genossene Mittagsmahl im Freien. Danach brachten uns Gus und Dean nach

Fairfield, und wir sprangen direkt in den Zug, der auch im Nu zurück in Grand Central war.

Zunächst hatte ich mich gefreut, wieder in New York zu sein, aber in der Metro schrien sich zwei derbe junge Frauen so furchtbar an, dass ich darauf bestand, den Wagen zu wechseln – der Lärm und die Aggression schlugen mir auf die Ohren und die Seele. Ich hätte nicht gedacht, dass es mir nach einer so kurzen Auszeit schon wieder so schwerfallen würde, das auszuhalten. Aber wir haben letzte Nacht ja auch Babyeulen gelauscht, das hatte etwas Magisches!

Tag 26

Ich lief ein weiteres Mal zum Artist Supply, in dem sich immer inspirierendes Rohmaterial finden lässt. Saß danach wieder auf einer der von niedrigen Bäumen umschatteten Bänke vor dem Park mit dem großen Spielplatz. Da lässt es sich gut träumen von allem, was noch werden soll.

Fürs Abendessen hatte Paula die Idee, einen Picknickkorb zu packen, Richard direkt zum Park zu lotsen und uns dort unter den Bäumen am Rande der großen Spielfelder zu treffen. Da saßen und lagen wir dann auf unserer karierten Picknickdecke, knabberten vor uns hin und lauschten der Probe fürs morgige erste Prospect-Park-Konzert in dieser Saison.

Tag 25

Beschwingter Start mit Paula zum Century21, Koffer kaufen. Das ließ sich viel flotter erledigen als gedacht, sodass wir uns noch einen Abstecher für ein Baguette im *Pret A Manger* im Oculus gönnten. Der sogenannte Oculus ist an sich nur ein riesiger Umsteigebahnhof beziehungsweise eine Subway-Station – dank der spektakulären Architektur und der betörenden Ästhetik aber auch eine Touristenattraktion mehr auf diesem winzigen Fleckchen Erde, an dem sowieso schon die neuen World Trade Center um Aufmerksamkeit buhlen. Der Gigantismus der Verkehrsbetriebe, der sich hier ausgetobt hat, wird massiv kritisiert, vor allem in Anbetracht der großen Probleme des Subway-Systems als Ganzem, aber es ist offenbar weiter die Strategie, einzelne Highlights zu kreieren, die dann wohl so erhebend wirken sollen, dass man den ganzen Rest billigend in Kauf nimmt. Oder gibt es gar keinen Plan, sondern wird einfach gemacht, wo und wie es am meisten Prestige bringt?

Alles fühlt sich seltsam an. Ich kann es nicht fassen, dass die zwei Jahre vorbei sind.

Bin wehmütig, was mein romantisches Arbeitszimmer hier angeht. Da wird so schnell nichts anderes mithalten können. Dummerweise kann man überall auf der Welt traurig sein, sogar in so einem Zimmerchen, zumindest ab und zu. Und auch deshalb geht es ja zurück: um nicht weiter ohne Familie und die Freunde zu sein.

Tag 24

... auf dem Weg zum Park fiel mir das Angebot vom *Chalet* wieder ein, dass ich immer gerne auf ihrer Terrasse schreiben dürfte und einen Schlüssel dafür bekäme. Tröstlicher Gedanke. Ist ja noch nichts fix in der alten Heimat.

Gerade ziehen ganz viele Schulkinder auf dem Weg vor mir vorbei, sie sind auf dem Rückweg von »Spiel und Spaß im Park« und sehen zufrieden erschöpft aus. Auch das Zusehen hat Spaß gemacht. Sie hinterlassen eine staubige Schlürfspur.

Ein Hund wälzt sich behaglich auf der Wiese, Nannys und Kleinkinder sind geblieben, sonst wirkt der Park wie leergefegt nach dem munteren Trubel von eben.

Ah, neue Besucher, eine große Gruppe Schuljungs mit Kippa auf dem Kopf kommen vorbei, und ich schnappe Gesprächsfetzen auf: Sie diskutieren über Hitler, die Deutschen, die Russen und die Judenverfolgung – auf dem Weg zum Baseballspielen.

Zurzeit fahren hier immer mal wieder Busse mit der Aufschrift »*Auschwitz. Not long ago. Not far away*« durch die Stadt. Sie sollen auf eine Sonderausstellung im Jüdischen Museum aufmerksam machen. Im *New York Times Magazine* erschien vergangenen Monat ein längerer Artikel über das jüdische Leben in Deutschland, auf welche Art und Weise es sich nie normalisiert hat und dass es nun wieder öffentliche Feindseligkeiten gibt.

Wenn mich jemand fragt, was von Deutschland hier ankommt, antworte ich immer, dass »die Amerikaner« weiter Merkel lieben und so traurig und verwundert sind über die Behandlung der Juden in Deutschland wie »die Deutschen« über die nicht überwundene Rassentrennung in Amerika. Selbstredend gilt beides nicht für Trumpisten. Die habe ich nicht gemieden, sondern schlicht nirgends im Alltag gesehen oder gehört. Ab und zu erahnt vielleicht, hinter zu vielen Fahnen und seltsamer Hausdekoration oder am Memorial Day ...

Tag 23

Sehr schwül heute. Trotzdem nett mit Maya, Sebastien und Paula an den Piers entlangspaziert, Limonade geschlürft, andere Kinder auf dem Spielplatz beobachtet – ein dribbelndes Kleinkind im Spielanzug zum Beispiel –, Boote vorbeiziehen sehen, Blüten beschnuppert, viel Lärm ausgeblendet und zum Abschluss bei *Bareburger* gegessen. Paula war dann allerdings schon aufgebrochen, um mit Makayla in Queens bei einem »All you can eat«-Sushi-Restaurant zu schlemmen. Das war Paulas Geburtstagsgeschenk für ihre Sushi liebende Freundin.

Gestern passierte mir auf dem Rückweg vom Park noch etwas Nettes. Ich lernte endlich Susanne König von der Buchhandlung Powerhouse persönlich kennen. Beim Schaufensterangucken verwickelte sie mich vom Fleck weg in ein Gespräch, das im Laden fortgeführt wurde und damit schloss, dass wir einen Interviewtermin ausmachten. Diese Gelegenheit konnte ich mir einfach nicht entgehen lassen! Will ich morgen vorbereiten, denn wir sind schon für Sonntag bei ihr im Laden verabredet.

Tag 22

Heute sofort hellwach gewesen: die letzten drei Wochen! Das Interview, Besuch, Richards Arbeit – alles halt.

Gestern Abend saßen Richard und ich noch sehr entspannt in der *Bar Toto*, die keine Bar, sondern ein typisches kleines Park-Slope-Restaurant ist. Bei Rosé und Wasser erinnerten wir uns an vergangene Sommerurlaube. Kommt mir so lange her vor, dass wir richtige Ferien und keinen Heimaturlaub gemacht haben.

Bin auf dem Weg zum Metropolitan Museum und nutze die Metrofahrt wie immer zum Schreiben.

Die Abteilung Fotografie im Met ist sehr übersichtlich. Aber: Ich war wirklich geplättet von der schieren Anzahl an van Goghs und Monets. Bin glücklich, auch einmal unbekanntere Gemälde von beiden gesehen zu haben – das erfrischt den Blick und gibt eine weitere Perspektive. Auch ein ungewöhnlicher Picasso aus der Blauen Periode machte mich neugierig. In der Sonderausstellung zur Abstraktion gab es gleich mehrere Künstlerinnen für mich zu entdecken.

Sitze mittlerweile im kleinen Café auf dem großen Balkon des Metropolitan Museums und halte mich mit Cappuccino und Cashews davon ab, aus Hungergründen gleich wieder davonzulaufen.

Nach der Pause war ich quer durch Antike, Rodin und Mittelalter auf dem Weg durch die Sammlungen und sehr, sehr angetan. Erneut überraschende, intensive Gemälde von Matisse, Léger, Schlemmer und Beckmann sowie einer

Künstlerin und einem Künstler aus den USA, von denen ich noch nie gehört hatte. Ein gigantisches Panorama namens »America Today« von 1930/31 zog mich in seinen Bann. Mein Highlight waren ein Gemälde von Georgia O'Keeffe und eines von Edward Hopper, die nebeneinanderhängen und Ansichten von Brooklyn beziehungsweise Queens zeigen. Fantastisch gemalt und so zeitlos, dass sie ebenso als perfekte Erinnerung meiner Eindrücke dienen können.

Kurzes Anstehen am Aufzug, Aussteigen im fünften Stock und, o Schreck: stehende Hitze. Gleichzeitig große Freude – ich liebe diese Terrasse. Sie ist auch mit der Erinnerung an einen der ersten Aufenthalte von Richard und mir in NY verbunden, als wir uns dort in einem roten Ballon-Kunstwerk spiegelten und ja, eben sehr verliebt waren. Nun ist die Terrasse mit Kwades Skulptur geschmückt, und ich wandere mit einer Hubert's Lemonade als *life saver* in der Hand umher und sauge jeden An-und Ausblick und die Limo in Rekordzeit auf. Feiner Abschluss vor einer langen Heimfahrt.

Richard entdeckte abends, dass die Wohnung oben offen steht, und so gingen wir alle neugierig gucken. Sie ist noch kleiner als unsere, allerdings auch etwas hübscher, weil einer der Kamine noch existiert und Fenster und Türen kunstvoll mit Holzschnitzarbeiten verziert sind. Überraschend war, wie hoch es einem vorkommt und dass man deutlich das Gefühl hat, das ganze Haus wäre schief und krumm. Ein bisschen schwindelig wird mir schon, wenn ich da aus dem Fenster gucke, dafür sieht man mehr und bis Manhattan. Wäre die richtige Wohnung für ein verliebtes junges Paar, sie hat etwas von einem Nest. Nur die Preise hier sind alles andere als kuschelig.

Tag 21

Aufbruch zum Abschiedstreffen mit Isabel und Thorsten bei den Cloisters, einem echten Klosterbau aus Frankreich, der original abgetragen und hier wiedererrichtet wurde. Er enthält ein Museum, das zum Metropolitan Museum gehört. Netterweise kommen die beiden auf der langen Fahrt dann in unserem Abteil vorbei, sodass wir uns schon ein wenig unterhalten können.

Paula ist ziemlich erschöpft von zwei Tagen Dauerprogramm mit Freundinnen und Übernachtung, aber vor allem traurig, dass ihr Freund alleine in ein Sommercamp nach Spanien fährt. Ich sitze lange mit ihr auf einer Steinbank im Säulengang, mit Blick auf den sonnigen Garten im Innenhof, und lasse meine Gedanken schweifen.

Nachdem wir ein bisschen mehr angekommen waren und uns im Café gestärkt hatten (das Wahnsinnspreise, aber auch wunderbare Sitzplätze hat), konzentriere ich mich dann aber doch auf die Ausstellungsstücke. Besonders angetan bin ich von den stilisierten Pflanzen in den Miniaturgebetsbüchlein oder auch von einem »tierischen« Detail auf einem der Wandteppiche: Da guckt aus einer runden Öffnung etwas hervor, das große Augen macht.

Die mittelalterlichen Gärten, die mit zur Anlage gehören, verbreiten eine heitere südliche Atmosphäre, man fühlt sich sofort wie im Urlaub. Das letzte Mal war ich zufällig exakt am selben Tag hier, genau vor einem Jahr mit meiner Sprachschule. Damals bekam ich einen schweren Heimwehanfall. Diesmal kann ich es einfach so genießen – bald bin ich dem allen wieder näher!

Später fahren wir zum Brooklyn Bridge Park und wollen die neue *Time-out*-Fressmeile testen, aber da ist es so brechend voll und grässlich laut, dass wir unser Glück lieber beim *Sugarcane* versuchen. Nach ein wenig Wartezeit, in der wir uns einfach auf die Wiese nebendran setzen, bekommen wir einen freien Tisch. Wir lassen es uns richtig gut gehen und bestellen allerlei Schalen und Platten, um gemeinsam daraus und davon zu essen – war spannend, was kam, und hat richtig Spaß gemacht, es zu teilen.

Keine leichte Verabschiedung hinterher. Sie werden aber voraussichtlich in einem Jahr nach Deutschland »nachkommen«. Isabel tröstete uns alle damit, dass wir ja jetzt »Weltbürger« seien und uns die Zeit hier nie wieder verlorengehen werde. Ganz im Stillen zweifle ich daran, ob ich wirklich eine Weltbürgerin bin.

Tag 20

Windbiels landeten früher in NY als terminiert und kamen obendrein glatt durch Security und Zoll, sodass wir tatsächlich noch etwas vom Tag hatten. Leonie und Paula zogen los, um ein bisschen durch die Geschäfte in der Nachbarschaft zu stöbern, und wir vier unternahmen einen luftigen sonnigen Viertelspaziergang. Häuser bewundern – in der Ecke, in der sie Südstaatenflair nach Park

Slope bringen –, Parktrubel erleben und nebenbei nacherzählen, was in der Zwischenzeit so passierte.

Dann wurde ich allmählich nervös wegen meines Interviewtermins, trotz mittlerweile guter Vorbereitung. Wie immer, wenn ich mich lange genug vorher aufgeregt habe, zog ich aber zuversichtlich und beschwingt los, um die Sache »endlich« über die Bühne zu bringen.

Die Chefin (Susanne König von Powerhouse) holt sich erst einmal einen Eiskaffee – sie war schon den ganzen Tag im Einsatz, erzählt sie mir etwas außer Atem, mit Lesung und Kund*innen. Gerade sei ein guter Moment und der Laden eben leer geworden. Nach einem längeren Intro übergebe ich das Wort an Frau König und gemeinsam präzisieren wir, was ich schon aus dem Vorgespräch herausgehört hatte. Vor allem den spannenden Punkt, dass sie sich an einer Show beteiligt haben, in deren Verlauf Innenarchitekt*innen ein weiteres Standbein erschufen, sodass der Hauptladen in DUMBO nun über eine Schanktheke und ein Café verfügt. Und wir reden über alles andere, was ein Buchladen unternehmen muss, um eine Chance aufs Überleben zu haben. Unter anderem jeden Tag geöffnet haben und Veranstaltungen und Events anbieten. Im Falle von Powerhouse profitiert die Buchhandlung vom dazugehörigen florierenden Verlag, der wiederum auch große Werbeaufträge hat, neben einem kleinen engagierten Programm.

Das Gespräch läuft so intensiv ab, dass wir beide erstaunt hochsehen, als wir rausgerissen werden – es kommen wieder Kunden, eine Frau fragt nach Arbeit, ein Mann will ein Fotobuch propagieren, eine Kundin gerne ihr Deutsch erproben. Wir beenden das Interview und plaudern lose zwischen Frau Königs Arbeitseinsätzen weiter – unter anderem kommt eine Autorin zur Vorbesprechung ihrer Lesung vorbei –, und ich mache ein paar Fotos.

Erschöpft und glücklich laufe ich heim. Natürlich nicht ohne ein Buch für Vatertag gekauft zu haben – *Anthony Bourdain. Remembered* –, es hatte sich mir aufgedrängt.

Abends gab es für alle Richards Lasagne. Ach, und Leonie und Paula hatten Spaß in der leeren Wohnung über uns. Da kann man, pst, sogar kegeln …

Tag 19

Als ich Paula vorhin die Tür unten aufmachte, sahen wir uns groß an und stellten beide fest, dass es uns schien, als ob sie gerade erst gegangen wäre – der Tag heute ist einfach nur vorbeigehuscht.

Eben kam die Nachricht, dass in der Nähe des Times Square ein Hubschrauber auf ein Hochhausdach stürzte, Feuer fing und der Pilot sich nicht mehr habe retten können. Das Gebäude konnte sofort evakuiert und das Feuer gelöscht werden. Anscheinend entstand kein weiterer Schaden. Mehr weiß man wohl noch nicht. Ein Terroranschlag wird nach der bisherigen Sachlage ausgeschlossen. Ich bin nur irritiert, weil wir gestern noch mit unserem Besuch darüber sprachen, dass der Times Square einer der am besten überwachten Plätze der Welt sein dürfte, dass das aber natürlich nichts für den Luftraum hilft.

Der Hubschrauber heute war offenbar ein privater und der Pilot nicht der Besitzer. Ein tragischer Unfall wahrscheinlich, der im Prinzip jeden Tag passieren könnte. Ab und zu stürzt ein Helikopter zudem in East oder Hudson River. Muss an meinen Stiefvater denken, der Flugangst hatte, darüber aber mit niemandem reden konnte und alles tat, um nicht fliegen zu müssen, obwohl seine tägliche Arbeit das Design von Hubschraubern war.

Tag 18

Okay, jetzt wird's ernst – schon zum zweiten Mal um fünf Uhr früh aufgewacht und das Kribbeln bis in die Fingerspitzen gehabt. Bin so aufgeregt!

Später lenkten mich Barbara, Leonie und Klaus ab, mit denen ich zusammen zur High Line fuhr. Die neue Haltestelle Hudson Yards hat gigantische Rolltreppen und ein fantasievolles Deckenmosaik, auf das mich Barbara aufmerksam machte. Draußen, zwischen Vessel, Kunsthalle und den anderen Gebäuden, wieder dieser abartige Wind. Vielleicht verstärkt die Anordnung der Gebäude ihn auch, aber das hätten die Planer eigentlich berücksichtigen müssen, oder? Alles glitzert neu und frisch. Der kleine zusätzliche Abschnitt ist fertig und geöffnet, und wir können zur Skulptur von Simone Leigh! Sieht ganz toll aus – friedlich und eindrucksvoll. Ich wünschte, es würden noch mehr Werke von Künstlerinnen wie Leigh und Kwade im öffentlichen Raum zu sehen sein. Das tut so gut.

Und die sommerliche High Line ist einfach die schönste! Wir waren sehr lange unterwegs, die Bauarbeiten entlang der Trasse sind enorm vorangekommen, und ich staunte, was ich alles noch nicht wahrgenommen hatte. Dann gab es Mittagsstärkung im Chelsea Market – nannte sich Focaccia und machte satt –, und, kaum zu glauben, Windbiels trafen zum dritten Mal andere deutsche Passagiere aus ihrem Flugzeug. Bei der Anzahl an Sightseeing-Spots in NY und überhaupt! Dies scheinen also die besten Treffpunkte zu sein ;-): die NYC Public Library, der GAP in Manhattan und Amys Bread im Chelsea Market.

Jetzt ist Richard heimgekommen. Heute wurde in seiner Arbeit »verkündet«, dass er zurück nach Deutschland geht, und er hatte ein wichtiges Telefonat in Sachen zukünftige Arbeit. Da will ich gerne Genaueres hören …

Tag 17

Leonie hat Geburtstag, und Paula war die gute Fee, die den Geburtstagstisch dekorierte, eine Girlande aufhängte und leckere Bagels besorgte – fürs Geburtstagskind natürlich einen regenbogenfarbenen!

Windbiels hatten dann *Top of the Rock* geplant und brachen vergnügt auf. Paula musste in die Schule, und ich war fleißig am Computer und zu Hause. Das Interview wird als Podcast bei den BücherFrauen veröffentlicht, kann also gleich ein Audio bleiben. War Janas Vorschlag, sie machte auch ein paar Schnitte an geeigneter Stelle und packte einen Vorspann dazu. Das und die Begleittexte mussten für heute fertig werden.

Gönnte mir mittags beim *Mariellas* mein Lieblingsomelett mit viel frischem Spinat und sah nachmittags bei den Vintage-Läden vorbei – schönes altes NY-Poster und einen Armvoll Rahmen ergattert. Die kamen gleich in eine wunderbar gelbe große Tasche, die auch noch mitmusste. Obwohl ich ja gar nicht Geburtstag habe ;-).

Paula war eingeladen, mit Leonie und ihren Eltern nach Coney Island zu fahren, und die Mädchen vergnügten sich mit diversen Fahrgeschäften. War wohl auch ein unfreiwilliger Magenheber dabei, aber sie strahlten beide hinterher und machten einen sehr fröhlichen Eindruck beim Erzählen. Abends gab es Geburtstagssekt bei uns.

Tag 16

Mein erster Podcast ist live! Und Jana war so nett, mir gleich die Abrufzahlen mitzuteilen. Paula hatte mir beim Überschriftenfinden geholfen, dafür hat sie noch einen Wunsch frei, das war so lustig, gemeinsam zu tüfteln.

Paula und ich wären sowieso ein super Team, wenn sie filmen und schneiden und ich die Interviews führen würde. Sobald sie ihre Kameraausrüstung hat, probieren wir das einfach mal aus, beschließe ich jetzt.

Und noch ein Lichtblick: Meine Lieblingsauftraggeberin hat geantwortet und wahrscheinlich noch im Sommer Arbeit für mich. Das käme mir sehr recht. Wenn ich ehrlich bin: Ich kann's kaum erwarten!

Tag 15

Wie vor zwei Jahren: Muss Magnesium nehmen und mache mir Vitamindrinks. Diesmal muss ich zumindest schmunzeln und denke mir »ach ja, es ist wieder soweit« ... sogar Richard gibt zu, dass er nervös ist, aber auch nur, weil wir uns gefetzt haben, da kam er nicht mehr drum herum.

Heute Morgen war einiges geboten gegenüber – es hatte einen kurzen explosionsartigen Knall gegeben, und wenig später stand die ganze 12th Street voller Einsatzwägen.

Die wahrscheinlichste Erklärung ist, dass die Müllpresse eine Gaskartusche zerquetscht hat, die Richard zuvor am Straßenrand stehen sah. Etwas später kreiste sogar noch ein Hubschrauber, und ein Mann mit der Aufschrift PRESSE auf seinem Shirt kam zum Fotografieren/Filmen, aber da gab es schon nicht mehr viel zu sehen.

Die Feuerwehr und auch sonstige Einsatzwägen sind hier so schnell zur Stelle, dass man meinen könnte, sie warteten schon um die Ecke. Es geht wirklich blitzschnell. Ich bin immer wieder beeindruckt. Gleichzeitig vermittelt es mir auch das Gefühl einer nervösen Daueranspannung. Jeden Moment kann in einer eben noch friedlichen Straße der Ausnahmezustand herrschen.

Richard war mit der Firma tagsüber in einer Art Outdoorpark und machte beim Nachhausekommen einen sehr entspannten Eindruck. Ich hatte nachmittags einen großen Salat und Maiskolben für unsere Grilleinladung vorbereitet. Sehr nettes Gefühl, einfach zu Windbiels Airbnb gehen zu können und dort gemeinsam im Garten zu sitzen und zu essen. Das ist auch etwas, was man vermisst – einfach mal bei Freunden vorbeizusehen und in einem anderen Haus oder Garten beisammen zu sein. Nebenbei lernten wir auch noch die Besitzer des Airbnb kennen, und ich beneidete sie ein wenig um ihre Veranda. Eine Veranda ist schon noch so ein Wunschtraum, der sich gerne eines Tages erfüllen darf ...

Es wäre auch schön gewesen, den Abend im Garten ausklingen zu lassen, aber im Prospect Park wartete ja das Gratiskonzert der New Yorker Philharmonie, und das konnten wir uns nicht leichtfertig entgehen lassen.

Also, nichts wie hin, auf die Picknickdecke gesetzt, sich umgesehen – Leonie bekommt ein leuchtendes Einhorn, und nicht nur sie freut sich darüber.

Man muss sich das so vorstellen: eine riesengroße Wiese, Tausende Menschen, die auf Decken am Boden sitzen und picknicken und sich mit Freunden und Freundinnen unterhalten, Kinder, die kreuz und quer laufen, Verkäuferinnen und Verkäufer von Leuchtstäben und beleuchteten Ballons mit Handkarren oder einem riesigen Büschel Leuchtwerk im Arm, Hunde, Menschen, die versuchen, sich gegenseitig per Handy irgendwohin zu lotsen, viel Gelächter und Essen und ganz weit vorne eine Bühne mit den Musiker*innen. Vom Konzert bekommt man also mal mehr und mal weniger mit – was der Wind so anweht, über all das Palaver hinweg, ist schön anzuhören.

Und im Nu wird es Zeit fürs Feuerwerk, kurz, aber sehr gut komponiert. Als leuchtende Blumen aufblühen, gibt es Szenenapplaus. Ich entdecke bei jedem Feuerwerk etwas, was ich bisher noch nicht sah, und werde auch dieses Mal nicht enttäuscht. Die Farbwahl ist eindrucksvoll, wenn auch etwas pathetisch, aber dafür ist Feuerwerk ja da: um große Gefühle zu erzeugen – so gibt es begeisterte Ausrufe, und die Besucher*innen machen sich mit leuchtenden Augen auf den Nachhauseweg.

Tag 14

Tja, heute Morgen wachte ich extrem früh und mit extrem viel Kopfschmerzen auf und musste das geplante Programm kippen. Nachdem Richard aber auch eine Menge auf der To-do-Liste hatte und Paula zu viel Liebeskummer, blieben wir alle zu Hause und machten langsam eines nach dem anderen.

Richard und ich brachten der Tierärztin mein *50 Tage in Brooklyn*-Büchlein, um uns für ihre Fürsorge für Lissy zu bedanken, waren Wäscheabholen und beim Weinhändler, wo wir die letzte Flasche »Kleine Wanderlust« kauften und uns ebenfalls verabschiedeten. Auf dem Weg dorthin erwarb ich eine rote Zigarrenkiste bei einem Straßenflohmarkt, die nun meine Stempelsammlung beherbergt. Richard und Paula waren schwimmen im YMCA, Richard kündigte das Gas, war Blutabnehmen beim Arzt und holte Nachsendeanträge von der Post.

Jetzt warten wir darauf, dass Windbiels aus Manhattan zurückkommen und wir gemeinsam ins *Mariellas* gehen können. Mit Mira hatten wir heute auch schon Gelegenheit, etwas ausführlicher zu reden, sie wird sich mal umhören, ob jemand unsere Klimaanlagen brauchen kann. Drucker und Luftbefeuchter übernimmt Heidi. Es wird!

Tag 13

Früh aufgestanden, weil wir noch ohne die ganz großen Massen auf die Brooklyn Bridge wollten, was auch klappte. Mit angenehmem Wind und vergnügten Mutes alle zusammen über die Brücke gelaufen, nette Fotos gemacht und viele Blicke geworfen.

Kleiner Zwischenfall: Paula beobachtete, dass sich ein Paar stritt und trennte, beide liefen in entgegengesetzte Richtungen davon und der Mann warf ein wohl eben erst erworbenes gerahmtes Touristenfoto weg. Wir starrten alle kopfschüttelnd auf das Foto in dem offenen Müllkübel. Als wir gerade ratlos beschlossen, weiterzugehen, kam der Mann zurück, fischte das Foto aus dem Mülleimer, versteckte es unter seiner Jacke und lief mit rotem Kopf davon.

Danach fuhren Windbiels nach Governors Island und wir nach Hause. Wir platzierten uns an der Bar im *Mariellas*, wo wir nicht nur »Vatertagsspeisen« essen, sondern auch Frauenfußball sehen konnten – USA gegen Chile.

Abends zusammengesessen und eine letzte Runde im Viertel gedreht. Könnte man sich daran gewöhnen, hier Gesellschaft zu haben!

Tag 12

Auf der Post gewesen.

Blumen für Paula gekauft.

Letzter Schultag!

Bei Barnes & Noble ein Buch für Ina gesucht und gefunden.

Paula abgeholt und die nächsten Tage geplant.

Sie muss am Mittwoch noch eine staatlich vorgeschriebene Englischprüfung schreiben, ansonsten hat sie schon frei.

Nächste Woche kann man das Zeugnis abholen. Richard und ich werden die Gelegenheit nutzen, uns von der Schule beziehungsweise der Direktorin zu verabschieden.

Jeder Abend bis zum Wochenende ist mit Treffen belegt. Ich werde schon müde beim nur Drandenken.

Eigentlich ist es genug jetzt.

Die Müdigkeit ist so eine Art vorgelagerte Schockstarre, kurz vor dem »Ausnahmezustand«. Es wird erleichternd sein, ihn dann auszurufen. Spätestens am nächsten Wochenende.

Tag 11

Letztes Mal Century21, das »berühmte« Outlet, in dem sich alle Welt tummelt. Paula braucht ein paar Sachen fürs Internat, und wir sehen uns auch nach Geschenken um. Nach dem Einkauf schnell nach Hause und Lieblingspasta essen.

Es regnet ununterbrochen, trotzdem marschiere ich nachmittags noch einmal los, um eine Druckerpatrone zu kaufen. Damit kann ich ein paar Fotos ausdrucken und ein letztes kleines Fotoalbum gestalten. Dazu komme ich mit Sicherheit nicht so bald wieder, also rasch!

Abends im *Mariellas* – wo sonst? – mit Freunden von Richards Bruder getroffen. Wir hatten das Paar siebzehn Jahre nicht mehr gesehen, und dementsprechend kannten wir ihre beiden Söhne noch gar nicht. War sehr entspannt und ein netter Austausch über ihre Reiseeindrücke und unsere NY-Erfahrungen.

Nachdem ich mittlerweile auf Facebook gepostet habe, dass wir wiederkommen, entspinnt sich gerade auch die eine oder andere »Unterhaltung« im Hintergrund, die uns bestärkt. Da gibt es viele Fäden, die wir wieder aufnehmen können.

Tag 10

Heute war Rabea von den BücherFrauen zu Besuch und wir saßen im *Muse*. Über Buchläden, die freiberufliche Tätigkeit und auch etwas über die BücherFrauen reden zu können ist natürlich der perfekte Abschluss für mich. Und, wie passend, Frau Schmidt-Friderichs ist gerade zur neuen Vorsteherin des Börsenvereins gewählt worden! Ein echter Anlass zur Freude und mit Sicherheit ein Gewinn für die Branche.

Mittagessen mit Paula im *Ha Noi* – Prüfungsbelohnung – endlich geschafft! Es gäbe viel zu erzählen, aber wir sind beide zu aufgeregt, um zu sprechen …

Gerade bin ich dabei, den Schreibtisch abzuräumen, und hatte zum ersten Mal das Gefühl, es könnte eine Erleichterung sein, wenn wieder alles ordentlich verpackt ist und auf die Reise geht. Die letzten Wochen erschien mir der Gedanke an die Möbelpacker eher bedrohlich, so als ob sie mir etwas wegnehmen würden und ich besonders lieb gewonnene Dinge »retten« und selbst transportieren müsste. Nun setzen sich offenbar die vernünftigeren Gedanken wieder durch.

Seit gestern ist mir dauerhaft leicht übel, das gehört wohl auch dazu. Richard und ich sahen zur Ablenkung die Verfilmung von *The Guernsey Literary and Potato Peel Pie Society* an – das Buch hatte mir damals Maren empfohlen, einer von vielen guten Lesetipps und eines meiner ersten ganz auf Englisch gelesenen Bücher (außer während der Schulzeit). Ich glaube, es war sogar dasjenige, das ich auf Sardinien gelesen habe. In der Hängematte, aber trotzdem mit einiger Mühe. Zumindest könnte ich das jetzt wesentlich leichter lesen.

Tag 9

Das Wetter war unerträglich: Heimlich kletterte hinter den Wolken die Temperatur in die Höhe, und kurz vor dem niedergehenden Gewitter stach die Sonne heraus, nur um alles zum Dampfen zu bringen.

Ich lief trotzdem weit die 7th Avenue hinunter, auf der Suche nach Notizbüchern einer speziellen Marke – sie haben schöne Farben, eine angenehme Textur und sind trotzdem widerstandsfähig. Da es eine amerikanische Firma ist, die sie produziert, will ich mich noch mit einem kleinen Vorrat eindecken. Auf dem Heimweg, schon leicht frustriert, aber nicht gewillt, aufzugeben, kommt mir endlich die passende Idee: im Community Bookstore zu gucken, ob sie die Marke haben. Ja! Werde fündig und beeile mich, heimzukommen, es donnert schon schwer im Viertel.

Richard hat Umtrunk mit Leuten aus der Firma, aus Anlass seines Weggangs. Paula und ich sehen viele, viele Folgen »unserer« *Zwillingsschwestern*-Serie.

Tag 8

Als Richard sagte: »Heute ist der längste Tag des Jahres«, beschloss ich spontan, dass wir unbedingt in den Park gehen sollten, einen Abendspaziergang machen. So melancholisch ich im Park auch wegen Lissy bin, es ist mein einziger Ort hier, an dem ich mich ganz zu Hause und im Frieden mit allem fühle. Den Weg dorthin und zurück kann ich immer wieder gehen, ohne dass er mir jemals langweilig würde.

Paula hatte ihre Abschiedsfeier, und die Mädchen waren alle sehr aufgeregt und bemüht: Sie aßen (Schnitzel und Kartoffelsalat), sangen, lachten, setzten sich die bunten Hütchen auf und zogen beschwingt los nach Manhattan, nachdem wir lustige Gruppenfotos vor unseren schmiedeeisernen Haustoren gemacht hatten. Sie gingen zusammen in die Spielhalle, die wir vor einiger Zeit mal ausprobiert hatten, und entschieden sich für Tischtennis und Billard. Zum Schluss war Paula mit Brianna bei Barnes & Noble, und sie kamen noch einmal bei uns vorbei.

Richard und ich hatten währenddessen weiter geräumt, und als wir eine Frischluftpause machen wollten, liefen wir direkt Aimee in die Arme, der ich schnell ein kleines Geschenk von oben holte, und dann machte Richard ein Erinnerungsfoto von uns beiden, über das ich sehr glücklich bin.

Paula war leider erst einmal nur erschöpft oder vielleicht auch überfordert von dieser emotionalen Situation, sich von allen Freundinnen auf einmal zu verabschieden. Nun schläft sie, und morgen ist hoffentlich alles wieder gut, soweit es das eben sein kann.

Tag 7/6

Das Wochenende vor dem Umzug ... obwohl ich seit fünf Uhr in der Früh wach bin, bin ich jetzt, kurz vor Mitternacht, immer noch zu aufgekratzt zum Schlafen.

Dabei haben Richard und ich einen wunderschönen, ewig langen Brooklyn-Heights-Spaziergang gemacht und sind auf dem Rückweg vom Eishäuschen bei der Brooklyn Bridge den ganzen Weg bis zu der Stelle gelaufen, an der ich mit Maya von Cobble Hills aus immer startete.

Ach ja, den gestrigen Abend verbrachten wir bei Curtis und Maya auf dem Balkon, mit Blick in die Hinterhofgärten, lecker Essen und netter Unterhaltung. Maya ist schwanger, und wir freuen uns für die beiden, auch wenn es nicht leicht wird in New York mit zwei Kleinchen. Paula versteht es wunderbar, Sebastien zu beschäftigen, und es macht ihr auch selbst Spaß, so wie es aussieht. Wenn wir geblieben wären, hätte sie den Babysitterinnen-Job schon mal sicher gehabt.

Ansonsten brauchten wir beide Tage, um so weit zu kommen, dass wir morgen den Endspurt hinlegen können. Richard hatte unter anderem recherchiert, wohin man verpackte Lebensmittel spenden kann, und hat sie mit Paula dort abgeliefert (sieht aus wie ein großer Bücherschrank und steht bei einer Kirche). Er und ich waren noch bei einem kuriosen Altmöbelhändler, und wir erwarben eine Fundholztruhe dort. Morgen soll das Kleingeld zu einem Spendenautomaten, und zwischendrin brachte Paula immer wieder Dinge nach unten, zum Von-der-Straße-Mitnehmen – so fanden zum Beispiel unsere zwei Pflänzchen im Nu ein neues Zuhause. Heute Mittag machten wir nostalgische Sandwichpause im *Mariellas*. Einer der Jungs aus der Küche nimmt eine der Klimaanlagen. Hoffentlich werden wir auch noch die beiden anderen los, es wäre wirklich schade darum – wir verschenken sie ohnehin, sie sollen nur nicht verschrottet werden. Ach ja, nun sollte ich doch mal versuchen, zu schlafen ... Gute Nacht!

PS: Nick ist schon aufgestanden, sehe ich gerade auf meinem Handy – sie fangen wegen der Hitze sehr früh an zu arbeiten.

Tag 5

Magnesium und Schokolade – noch vierundzwanzig Stunden bis zum Auszug!!!

Weil wir halbwegs gut in der Zeit liegen, ist Richard heute noch mal arbeiten gegangen. Ich denke an alles und nichts und werde mich ziemlich zwingen müssen, systematisch vorzugehen. Schnell duschen, dann geht's los mit Kofferpacken!

Paula hat mich nicht rausgelassen, bevor ich nicht fertig war mit Kofferpacken. Hilfe, sie kann ganz schön streng sein ;-), aber es war natürlich gut so. Dann haben wir uns Reis mit Fleisch vom Vietnamesen geholt – absolut krisensicheres Essen, das man auch bei Krankheit oder zu großer Aufgeregtheit gut essen kann –, und nun ist sogar noch Zeit für eine kleine Pause.

Allerletzte Postkarten geschrieben und Kleinigkeiten beim Drogeriemarkt Rite Aid besorgt. Gleich werde ich das Handgepäck Probe packen. Ich denke aber, dass es trotz all unserer Vorarbeit morgen ein ziemlicher Kraftakt wird. So, jetzt gehe ich mal zum Briefkasten, um nicht im

Sitzen einzuschlafen ... Paula kichert nebenan am Telefon mit Leon. Wie nett! Bin froh, wenn sie ein wenig Ablenkung hat.

Das ist Paulas erstes wirklich komplettes »Umzugserlebnis« mit allen Phasen. Bin gespannt, ob sie später sagen wird, dass sie das sesshaft gemacht hat oder eher dazu inspirierte, andere Orte zu erkunden. Mittlerweile habe ich ja doch mit einigen Leuten gesprochen, die Auslandserfahrung in ihrer Jugend gemacht haben, und es schien mir bei allen recht ausschlaggebend für die Sicht auf die Welt und das eigene Leben gewesen zu sein.

Tag 4

Der große Tag ist da. Gerade darf ich Pause im *Muse* machen. Ich bin ein bisschen enttäuscht von mir, weil mir echt die Beine schlottern und mir übel ist. Die *Mover* legen keinen Wert auf reden, außer untereinander. Sie lassen Dampf ab. Ich verstehe »Beschwerden« leider immer als Aufforderung, irgendetwas zu ändern an der Situation, aber es gibt nichts, was ich tun könnte. Hatte ich nicht dem Mann, der zur Besichtigung kam, extra gesagt, er solle die Rahmenbedingungen hier berücksichtigen und die Leute entsprechend informieren und ausstatten? Sinnlos. Die, die kommen, sind natürlich die Subunternehmer von den Subunternehmern der Subunternehmer ...

Die Treppe im Hausflur ist eine Zumutung, und ich bin froh, wenn der Handlauf erst nach dem Umzug abbricht. Es lässt sich nur ein Flügel des eisernen Tors öffnen, der Vermieter ist nicht bereit, uns den Schlüssel für die andere Seite zu organisieren. Der Umzugslaster fand nur am Ende unseres Blocks vor Awesome Organic einen Parkplatz. Die Männer mussten also alles Verpackungsmaterial bei Nieselregen und tropischer Temperatur die Straße raufschaffen, und ans Beladen will ich noch gar nicht denken.

Gerade kam Paula auf einen Sprung vorbei, um einen kurzen Lagebericht zu geben – Wohnzimmer ist so gut wie fertig, Küche und Paulas Zimmer brauchen noch, in meinem Zimmer und im Schlafzimmer waren sie noch gar nicht. Zwischen zweien der drei Arbeiter gibt es wohl eine Feindseligkeit. Einer spricht nur Spanisch und wird anscheinend zum Underdog der Underdogs gemacht. Zum Kotzen.

Abgesehen davon ist es faszinierend, wie sperrige Möbel in einer Schutzhülle aus Pappkarton verschwinden und »plötzlich« perfekt verpackt und beschriftet zum Abtransport bereitstehen. Bei mir wirkt der Kaffee, und ich fange an, mich zu freuen, dass etwas vorangeht und unsere Sachen auf ihre große Reise vorbereitet werden.

Abschied von New York, über das es noch jede Menge zu schreiben gibt, zum Beispiel über die Magie, dass Geld, das eben noch in der Hand lag, in der nächsten Sekunde spurlos verschwunden ist – wie es der nette Betreiber des *Muse* eben formulierte – New York ist eine einzige riesige Geldverbrennungsmaschine … und ein Kreativitätskraftwerk: Rechts neben mir zeichnet eine Frau eine Graphic Novel auf ihrem Pad, links führt ein junger Mann kurze Notizen und Zeichnungen auf Post-its zu einem Projekt zusammen, wird also vielleicht auch ein Comic. Eine weitere Café-Workerin schreibt für eine Onlineplattform eine Gastronomiekritik. Das haben wir auf Governors Island auch schon mal beobachtet – war ganz schön aufwendig, mit Kurzinterview, Fotos und so weiter –, mag ja ein immerwährender Markt hier sein, aber wie der Verdienst in irgendeinem sinnvollen Verhältnis zu den Preisen stehen soll, ist mir schleierhaft. Aber hier lebt man ja auch für den Tag, die Woche, den Monat – weiterdenken ist sinnlos. Wer weiß, wann das Geld, die Laune oder die Gesundheit ausgeht und man die geliebte, süchtig machende Stadt aufgeben muss ... Zitat Kennie: »the worst possible addiction: New York«.

Ich habe mich unzählige Male gefragt, warum so viele Menschen so schwierige Bedingungen in Kauf nehmen, und die einzige Antwort, die mir einfiel, ist, dass sie alle nicht aufgeben können – Träume, Arbeit, Liebe oder was auch immer sie in die Stadt gebracht hat.

Tag 3

Heute Morgen brachten wir letzte Sachen in die Wäscherei, anschließend gingen Richard und ich los, Paulas Zeugnis in der Schule abholen. War ein seltsam leichtes Gefühl, fast ein bisschen nebensächlich, nur der Kopf sagte: »Wow, sie hat es wirklich geschafft!«

Ich weiß noch genau, wie ich an der Straßenecke nach dem ersten Schultag auf Paula wartete und vollkommen überwältigt war von all den Jugendlichen, die da auf mich zuströmten und mir so fremd erschienen. Musste lächeln heute und freute mich über jede Schülerin und jeden Schüler, die/den ich in den Gängen sah. Es herrschte aufgekratzt-erleichterte Stimmung – klar, Ferienstart!

Wir mussten zwar etwas hin- und her- und rauf- und runterlaufen, aber letztendlich konnten wir zufrieden mit einem gestempelten und unterschriebenen Zeugnis nach Hause gehen. Zu einem kurzen Gespräch mit der Direktorin hat es auch noch gereicht, sie war allerdings gerade dabei, mit ihrem Büro im Schulhaus umzuziehen.

Wir wohnen nun für den Übergang in einem beruhigend übersichtlichen und wohlgeordneten Airbnb, mit kleinem Gärtchen und Blick auf wilden Wein. An den Wänden hängen gekonnte Reisefotografien, und hier und da stehen ebenso interessante mitgebrachte Schätze.

Es hat gestern unfassbare zehn Stunden gedauert, bis alles verpackt und geschleppt und der Laster fertig beladen war. Und das für eine Grundausstattung von drei Personen aus einer Wohnung, die weniger als achtzig Quadratmeter groß ist. Und obwohl wir Kleinteile sowieso schon vorgepackt hatten. Die letzten Stunden haben wir parallel Nägel aus den Mauern gezogen, Löcher zugeschmiert, gesaugt, gewischt, Sachen ins Airbnb gebracht, Müll rausgetragen und kleine Elektrogeräte auf die Straße gestellt. Erschöpft, aber wenigstens frisch geduscht bekamen wir dafür beim *Mariellas* einen Sekt spendiert und aßen sehr gut. Danach ein Gefühl wie »ausgesteckt«, ich konnte nicht mehr sprechen und auch nicht schlafen, nur im Dunkeln liegen und alle Eindrücke immer noch einmal vorbeiziehen lassen ... und irgendwann doch einschlafen.

Paula und ich haben heute trotz »Hitzekoller« einen Ausflug in den Zoo im Prospect Park gemacht und hatten viel Spaß dort. Richard ist gerade mit einer Mitarbeiterversammlung im Büro fertig geworden, und wir müssen noch Kleinkram erledigen, wie den Staubsauger aus der Wohnung wegbringen und die Gaskartusche zurückgeben. Das Gas abstellen hat funktioniert, auch ohne dass ich da war. Ich hatte vom Zoo aus mit dem Mitarbeiter von National Grid gesprochen und vorher Mira Bescheid gegeben – in den Keller »darf« ich ja eh nicht.

Tag 2

Sitze mit Paula in der Metro. Draußen ist es so heiß, dass wir beschlossen, ins Museum zu gehen. Es gibt eine Menge Wetterlagen, die für Museum sprechen ;-). Morgen ist Abflug – krass!

Gestern Abend saßen wir gegenüber von unserem Airbnb im altbewährten *Piccolis*, aber »unsere« Kellner waren nicht da. Allerdings war ich fast ein bisschen erleichtert, nachdem mich die beiden Verabschiedungen davor schon etwas mitgenommen hatten. Vielleicht unverständlich von außen betrachtet, aber ich musste tatsächlich ein wenig weinen, als ich mich von der Wäscherei-Frau verabschiedete – sie ist die liebste Person, die man sich vorstellen kann. Eine zierliche Asiatin, immer strahlend freundlich und ein nettes Kompliment für die Kinder auf den Lippen.

Sie kennt natürlich die ganze Familie. Na, und bei den Zwillingsbrüdern im Elektroladen war es spannend – es ist immer speziell, was bei Verabschiedungen zutage kommt, und in diesem Fall ein Volltreffer. Irgendwie kamen wir darauf, dass sie italienische Wurzeln haben, aber in Amerika aufwuchsen und – genau wie ich – kein Italienisch sprechen, weshalb sie nie in die »italienische Gemeinschaft« aufgenommen wurden. Sie haben Verwandtschaft in Sizilien und Kampanien und meinten, ich ginge als hundertprozentige Italienerin durch, niemand würde daran irgendeinen Zweifel hegen, wenn ich da gelebt hätte, wo sie groß wurden. Was mich wieder an den jungen Italiener in der *June Bar* erinnerte, mit dem ich aus dem Stand weg vertraut war und der genau dasselbe sagte – er sein ein »Verstoßener«, weil er sich zu weit von der italienischen Community entfernt hätte. Wie seltsam die Menschen doch sind … So müssen sich jetzt eben die »Outlaws« zusammentun, und wer weiß, was sich das Schicksal noch so ausdenkt. Jedenfalls gab uns Steve seine private E-Mail-Adresse, das ist wohl so eine Art Ritterschlag, er meinte, er habe uns definitiv ins Herz geschlossen. Hach ja, wir sie und den Laden auch! Die beiden könnten meine Cousins sein, das wäre vielleicht nett, da hätte ich richtig Lust auf Verwandtschaftstreffen.

Mittlerweile sitze ich im Gärtchen vom Airbnb und habe sehr müde Augen, die ganz, ganz viel Kunst im Guggenheim Museum und noch viel mehr Bücher bei Barnes & Noble in der 86th Street gesehen haben. Danach mussten die vielen Fotos bearbeitet werden, und nun würde ich am liebsten nur noch in den Himmel gucken, aber mir läuft ein wenig die Zeit davon!

Tag 1

Wir sitzen am Terminal im JFK – ununterbrochen laute Durchsagen und ein heilloses Menschen-, Gepäck- und Stimmengewirr. »Da ist ja 'ne Subway-Fahrt die reinste Erholung dagegen«, war eben Richards Kommentar.

Dafür hatten wir eine supernette Verabschiedung vom *Mariellas*. Ich saß mit Mira an einem Tischchen, und wir unterhielten uns über alles Mögliche, während sie Stoffservietten faltete, sehr energisch und präzise, wie alles, was sie macht, und dazu immer mit einem freundlichen Lächeln. Sie schuftet wirklich sehr – außer im Lokal noch für ihr Studium, damit ihr Visum verlängert wird. Momentan gibt es wohl Überlegungen, Armeniern keine Visa mehr auszustellen, was natürlich eine Katastrophe für ihre Familie wäre. Sie sind alle schon viele Jahre da und in Lohn und Brot, aber haben eben noch keine Green Cards. Ich drücke ganz fest die Daumen! Die, die hierbleiben, sagen, dass sie nicht zurückkönnen, weil es ein Rückschritt wäre und sie keine Perspektive haben, aber jeder versteht, dass wir zurückgehen, auch wenn sie uns lieber nicht ziehen lassen würden.

Im Fernsehen lief das Frauenfußballspiel USA gegen Frankreich, und eine gar nicht mal so kleine Gruppe Exilfranzosen bangte mit – es gewann aber die US-Frauschaft mit 2:1. Wir saßen alle an der Bar, Paula und ich aßen zum letzten Mal Vanille-Pannacotta, und ich fühlte mich trotz des bevorstehenden Abschieds sehr, sehr wohl in dieser vertrauten Umgebung. Richard war vorher noch beim Friseur, Paula und ich haben neuen Lack bekommen, sie an den Füßen, ich an den Händen. Ich hatte bei schwarzen Frauen gesehen, dass sie die Nägel weiß lackiert hatten, und das sah so klasse und gleichzeitig irgendwie lustig aus, dass ich das auch mal ausprobieren wollte – macht wirklich Spaß!

Als wir mit all unseren Koffern (jeder zwei) und Taschen im Uber auf dem Weg zum Flughafen saßen, empfand ich erstaunlich wenig, um nicht zu sagen gar nichts. Ich glaube, ich bin einfach zu erschöpft und schon an vielem vorauseilend gedanklich vorbeigekommen. Oder es ist eine Art automatischer Selbstschutz.

Meine letzte Erinnerung an unser Viertel bleibt die, wie ich bei Sonnenschein die 7th Avenue hinunterlaufe, leichten Schrittes und guten Mutes die wunderbare Mischung aus Lädchen, Leuten, Gerüchen und Anblicken genieße. Ciao, Bella!

Und jetzt ist Boarding.

Noch was

»Wohin würdest du gehen, wenn du keine Rücksicht auf die Machbarkeit legen müsstest«, fragte mich mein damaliger Freund und heutiger Mann, als wir überlegten, wohin unsere erste gemeinsame Reise gehen sollte. Spontan, und etwas erstaunt über mich selbst, antwortete ich: New York!

So kam es zu unserem ersten Aufenthalt dort, eine Woche im Frühjahr 1998. Wir wussten sofort, dass wir wiederkommen müssen. Einmal wirklich dort zu leben – davon träumten wir damals noch nicht einmal. Über die Jahre entwickelte sich aber eine berufliche Möglichkeit für meinen Mann, und alles war schließlich so weit gereift, dass wir den Sprung wagten.

Wie immer, wenn Wünsche wahr werden: Alles war ganz anders als gedacht, aber mindestens genauso aufregend.

Danke, Richard, fürs gemeinsame Träume-Wahrmachen! Wenn Träume ans Tageslicht kommen, erleiden sie allerhand Prüfungen. Ich denke, wir haben sie halbwegs bestanden.

Biographische Notizen

Stephanie Hanel, Journalistin und Autorin, lebt und arbeitet nach einem zweijährigen New-York-Aufenthalt in Heidelberg. Über das Abenteuer, ihr bisheriges Leben komplett auf den Kopf zu stellen und nach New York zu gehen, publizierte sie das Buch *100 Tage hier & 100 Tage dort*. Es folgte mit *50 Tage in Brooklyn* ein zweisprachiger Band über die Herausforderungen des Alltags nach der ersten Euphorie. *Goodbye, New York* schließt die Tagebuchreihe mit der Schilderung vieler widersprüchlicher Eindrücke und schöner Erlebnisse ab.